Umwelt und Computer

Ein Weg zum engagierten Umweltschutz in der elektronischen Datenverarbeitung

Andreas Grote

s Verlag
ttenkirchen

1. Auflage Juni 1993
Satz: Wolfram's Verlag
Endbearbeitung: Tini Mayerhofer
Belichtung: Wolfram's Doku-Werkstatt
Druck: Ulenspiegel, Andechs
Umschlaggestaltung: Angelika Mertens, Wolfram's Verlag
Printed in Germany
ISBN: 3-86033-185-X

Inhaltsverzeichnis

An der eigenen Nase fassen ...

...und etwas ändern! So und nur so kann die Devise nach der Lektüre von Andreas Grotes Buch heißen.

Bevor ich das Manuskript gelesen hatte, war ich der Überzeugung, daß unser Verlag in Sachen Umweltbewußtsein sehr fortschrittlich ist. Verwenden wir doch schon lange holzhaltige, chlorfrei gebleichte und säurefreie Papiersorten. Auch die Abfalltrennung ist einfach und bei der Verwendung von grauem Umweltschutzpapier für die Korrespondenz dauert zwar das Faxen schon mal länger, weil der Grauton mit übertragen werden muß, aber geschenkt. Die diversen Fahnen der Manuskripte lassen sich auf UWS-Papier genausogut lesen und korrigieren, nur das Bedrucken der leeren Rückseiten ist mühsam, weil unsere Laserdrucker dieses Engagement allzu oft mit Papierstau bestrafen, natürlich vor allem bei Termindruck... Die schnelle Beschaffung von umweltverträglichem Büromaterial ist mit den gut organisierten Firmen, die es inzwischen gibt, Routine. All diese Aktivitäten sind ein Anfang - aber viel zu wenig, wie ich heute weiß.

Andreas Grote hat zwar mit seinem Buch - gerade bei den Teilen, die sich mit der Buchproduktion oder der CD befassen - nicht unsere ungeteilte Zustimmung, aber wir sind ihm dankbar für die vielen, vielen Anregungen, die er zusammengetragen hat.

Es ist eine wohl unbestreitbare Tatsache, daß wirtschaftliche Zwänge viele kleine Unternehmen dazu zwingen, umweltschädlicher zu produzieren, als es nach heutigem Wissensstand sein müßte. Gerade kleine Verlage wie wir können hier nicht Trendsetter spielen, ohne sich der Gefahr des Ruins auszusetzen. Als wir z.B. 1988/89 Computerbücher auf holzhaltigem gelblich grauem Papier produziert haben, hätte der Verlag beinahe Pleite gemacht. Inzwischen haben wir hier an Boden gewonnen. Auch unsere generelle Verlagspolitik - weg vom versionsabhängigen Wegwerf-Buch hin zur versions(- und rechner)übergreifenden Erfahrungsvermittlung - ist unserer Meinung nach ein wichtiger Schritt in die richtige Richtung. Helfen Sie uns, noch umweltfreundlicher zu produzieren. Schreiben Sie uns eine Postkarte und dokumentieren Sie Ihre Bereitschaft, bei gleichwertigem Inhalt lieber ein umweltfreundlich produziertes Buch zu kaufen. Kommen genügend Postkarten an, können wir auf der Buchmesse die Buchhändler besser überzeugen.

Andreas Grotes Buch hat uns viele Hintergründe und umweltfreundliche Alternativen aufgezeigt und unser Bewußtsein in Sachen Umweltschutz geschärft. Auch wir mußten feststellen, daß wir unseren diesbezüglichen Handlungsspielraum noch nicht optimal ausschöpfen. Gemeinsam mit Ihnen wird es uns gelingen, die dringend notwendigen Alternativen im Alltag zu etablieren.
Die Zeit ist mehr als reif.

Einen herzlichen Gruß aus unserer Bücherwerkstatt
Ihr Markus Wolfram
(Verleger)

Vorwort

Bruchköbel, im Februar 1993

Wir wollen in diesem Buch versuchen, einen modernen Teil des menschlichen Lebens unter ökologischen Gesichtspunkten zu beurteilen, uns einer Technologie annehmen, die wir zwar konsumieren, aber wohl nie richtig begreifen werden. HighTech galt bisher als die sauberste Technologie überhaupt. Aber es gibt keine umweltfreundliche Technik, es gibt keine umweltfreundliche Produktion und es gibt auch keinen umweltfreundlichen Umgang mit dem Computer. Man muß hier relativieren, denn das Maximum, was wir erreichen können, ist ein *freundlicherer* und *verantwortungsbewußter* Umgang mit unserer Umwelt. Schließlich gehören auch wir Menschen in den Kreislauf der Natur, sind integrierter Bestandteil dieses unüberschaubaren lebenspendenden Ökosystems - wenn wir es jedoch zerstören, dann trifft es auch uns selbst.

Die ökologische Situation unseres Planeten ist gespannt wie noch nie. Jeder ist aufgefordert, sein Schärflein dazu beizutragen, daß die beängstigenden Prognosen der Wissenschaftler nicht Realität werden. Wem noch nicht aufgefallen ist, welche Lebensfreuden uns durch die Zerstörung unserer Umwelt abhanden gekommen sind, Lebensfreuden, die kennenzulernen unseren Kindern nicht mehr vergönnt sein wird, der ist heute bereits Opfer einer Ignoranz geworden, die wir in unserer Gesellschaft im Akkord am Fließband produzieren.

In diesem Buch werden Sie oft auf Worte wie *Notwendigkeit* oder *Verzicht* treffen. Ein vielversprechender Weg, um wieder zu einem ausgeglichenen Miteinander mit der Natur zurückzufinden, die Flucht in eine andere Zeit, wo der Konsum nicht mehr der Blinddarm des menschlichen Verstandes ist. Nicht etwa das technisch Machbare an Herstellungs- und Recyclingtechnik ist der Maßstab, sondern eine Reduzierung des exzessiven Stoffdurchsatzes unserer Gesellschaft in allen Lebensbereichen auf das *Notwendige*. Daß dies in unserer heutigen Überflußgesellschaft ausschließlich über den Leidensweg *Verzicht* gehen kann, ist nur logisch.

Angesichts der heutigen beängstigenden Umweltsituation liegt es an jedem selbst, seinen für ihn größtmöglichen Anteil zur Verbesserung der Lage beizutragen. Wer sich dem verweigert, die in diesem Buch aufgezeigten, realistischen Möglichkeiten zu einem umweltfreundlicheren Umgang mit dem Computer nicht konsequent nutzt und seine Mitmenschen auf diese Möglichkeiten nicht hinweist, ohne selbst bessere Vorschläge einzubringen, der trägt direkt wissentlich zur weiteren Umweltzerstörung bei.

Nach vielen Kapiteln, insbesondere aber in Kapitel 4, finden Sie diese sogenannten Aktionskästchen.

Hier werden Sie aufgefordert, selbst aktiv etwas zu unternehmen, wie beispielsweise Hersteller anzuschreiben oder Ihren eigenen Konsum zu hinterfragen. Bitte lesen Sie nicht einfach über diese Aktionskästchen hinweg, sondern machen Sie sich Gedanken über die dort geforderten Veränderungen. Wenn Sie an die Hersteller schreiben, dann können Sie selbstverständlich das in diesem Buch angeführte Informationsmaterial als Argumentationshilfe in Ihrem Aufforderungsschreiben verwenden. Nutzen Sie diese Gelegenheit, selbst aktiv zu werden und engagieren Sie sich in Ihrem eigenen und in unser aller Interesse für eine bessere Umwelt.

Ein Buch wie das Ihnen vorliegende kann nur dadurch entstehen, daß man möglichst zahlreiche und seriöse Informationsquellen anzapft. Ich möchte mich an dieser Stelle bei den folgenden Firmen und Gesellschaften recht herzlich für ihre außerordentlich gute Bereitschaft zur Zusammenarbeit bedanken, die mich nicht nur mit Informationen, sondern auch mit Hard- und Software zu diesem Buchprojekt ausgestattet und so die Realisierung unterstützt und erleichtert haben. Mein persönlicher Dank geht daher an 3M, Aldus, Beyond, Borland, Bund für Umwelt- und Naturschutz Deutschland, Bundesumweltamt, Central Point, Commodore, CompuServe, Deutsche Bundesbahn, Fachverband Informationstechnik im VDMA und ZVEI, Fifth Generation System, Greenpeace, IBM, Institut für ökologisches Recycling, Katalyse, KHK-Software, Lotus, MAKsoft, Markt & Technik, Micrografx, Microsoft, Ökopol, Olivetti, Osterroth, Panda Versandhandel, Precision Software, Sony Österreich, SPC, SPI, Star

Division, Star Micronics, Symantec, Systhema, Team Brendel Schweiz, Tommy Software, Verband deutscher Papierfabriken, *vup*-Betriebe, Waschbär, Wolfram's Verlag, WordPerfect Software und WordStar (MicroPro).

Andreas Grote

Etwas Zahlenmaterial

In der Bundesrepublik Deutschland wurden allein im Jahre 1992 rund 2.000.000 PCs abgesetzt, davon etwa 1/3 für den Privathaushalt. Auch in der derzeitigen Rezessionsphase rechnet man im privaten Consumerbereich immer noch mit einem Zuwachs von 10%. Die Softwareindustrie konnte im gleichen Zeitraum knapp 2.300.000 Standardprogramme verkaufen, ein Zuwachs von immerhin 25% im Jahre 1992. Und auch die Buchverlage beteiligen sich mit einer Gesamtauflage von über 7 Millionen Exemplaren pro Jahr. Hinzu kommen noch die zahlreichen Fachzeitschriften, die monatlich jeweils mit Auflagezahlen zwischen 70.000 und 200.000 Stück am Kiosk erhältlich sind. Damit aber noch nicht genug, denn rund 65 Millionen Farbbandkassetten und 3 Millionen Tonerkartuschen landen pro Jahr auf der Müllhalde oder in den Verbrennungsöfen.

Wir haben es hier mit Zahlen zu tun, die an sich nicht viel darüber aussagen, wie und in welchem Ausmaß die Umwelt bei der Produktion, beim Konsum und bei der Beseitigung der einzelnen Produkte belastet wird. Zweifelsohne kann man die Computerbranche auch nicht pauschal als einen der größten Umweltzerstörer bezeichnen, denn sie verursachen in unserer heutigen modernen Gesellschaft nur einen kleinen Teil der Gesamtproblematik Umwelt. Diese Tatsache sollte man aber nicht unterschätzen, denn auch ein relativ kleiner Tropfen kann das Faß zum Überlaufen bringen. Der Komplex der elektronischen Datenverarbeitung ist genauso wie der Komplex Lebensmittel, Haushalt, Hobby, Auto, Reisen und alle anderen Lebensbereiche in unserer Industriegesellschaft ein Teil des Ganzen, der nicht vernachlässigt werden darf.

Um dies dem Anwender verständlich und auch nachvollziehbar zu machen, finden Sie dieses Buch in zwei große Teile unterteilt: Der erste Teil vermittelt Ihnen Hintergrundwissen zu den entsprechenden Teilgebieten der EDV, also zur Hardware, zur Software und zur Fachliteratur. Der zweite Teil dagegen gibt Ihnen Vorschläge zu einem umweltfreundlicheren Umgang mit dem Computer an die Hand. Erst beide Teile zusammen ergeben für den Anwender einen logischen Grund, warum er jetzt handeln muß. Bevor Sie nun umblättern, möchte ich Ihnen daher raten, dieses Buch wie ein Lesebuch von der ersten bis zur letzten Seite ohne Auslassung zu lesen und nicht bei einem Kapitel in der Mitte zu beginnen. Nur so kann der logische Informationsfluß wirken.

1. Versuch einer Ökobilanz für Hardware

Auf den Begriff *Ökobilanz* stößt man in letzter Zeit recht häufig. Doch was bedeutet es, eine Ökobilanz zu erstellen, und welcher Zweck wird dabei überhaupt verfolgt? Es gibt zur Zeit noch keine Richtlinien für die Erstellung von Ökobilanzen, so daß man zusätzlich noch die Seriösität des Aufstellenden überprüfen und abwägen muß, ob durch die Ergebnisse der Ökobilanz auf Mißstände aufmerksam gemacht oder lediglich der Absatz eines Konsumgutes von Seiten der Industrie für unbedenklich erklärt werden soll. In diesem Abschnitt wollen wir daher anhand eines simplen Beispiels den Aufbau einer Ökobilanz verfolgen und anschließend den Sinn und Zweck dergleichen ableiten.

Es bleibt darüber hinaus jedoch auch ein Aspekt zu beachten, der in eine Ökobilanz selbst nicht mit einfließt: Der gedankenlose Kauf von immer mehr, sinnlosen und kurzlebigen Produkten wirkt sich nicht nur durch die Herstellung, den Transport und die Entsorgung des Gutes negativ auf unsere Umwelt aus, denn eine verstärkte Nachfrage eines Produktes bewirkt, daß der Hersteller seine Herstellungs- und Verwaltungskapazitäten erweitert, was wiederum zusätzlichen Bedarf u.a. an Versorgungsenergie, Trinkwasser und Baumaterialien bedeutet - alles Belastungen für die Umwelt, die erst auf den zweiten Blick sichtbar werden und dem Sie durch ökologisch sinnvolles Einkaufen entgegenwirken können.

1.1 Aufbau, Sinn und Zweck einer Ökobilanz

Grundsätzlich dient eine Ökobilanz dazu, den vollständigen Lebensweg eines Produktes von seiner Herstellung bis hin zu seiner Beseitigung nachzuzeichnen und unter ökologischen Gesichtspunkten zu beurteilen. Dies schließt auch die Gewinnung der benötigten Rohstoffe, das Produktionsverfahren und die Verpackung mit ein. Durch die Erstellung einer Ökobilanz wird zudem sehr deutlich, daß ein Produkt nicht erst beim Kunden "Abfall" erzeugt, sondern bereits bei der Herstellung, was sich darin äußert, daß bis zu 75% des eingesetztes Materials erst garnicht den Verbraucher erreicht. Der Konsument wird nur mit dem fertigen Produkt bedient und macht sich so über dessen Herstellung und die dabei anfallenden Umweltbelastungen weiter keine Gedanken. Doch gerade bei der Herstellung können erhebliche Umweltprobleme auftreten, die selbst durch eine umweltgerechte Beseitigung nicht mehr wettzumachen sind. Auch bei der Beseitigung über den Hausmüll oder über diverse Wertstofftonnen hat der Konsument so gut wie keine Möglichkeit, den weiteren Entsorgungsweg eines Produktes zu verfolgen.

Wir wollen nun anhand eines Produktes, von dem jeder Bundesbürger durchschnittlich 240 kg im Jahr verbraucht und das sicher nicht nur jeder Computeranwender sehr oft in der Hand hat, nämlich Papier, das Prinzip einer Ökobilanz erläutern. Ziel dieser Ausführungen soll sein, daß Sie als Konsument und Anwender den Aufbau und den Sinn und Zweck einer solchen Ökobilanz verstehen und zukünftig in allen Lebensbereichen diese Art des ökologischen Umgangs mit einem Produkt beachten können.

Eine Ökobilanz unterteilt sich in die folgenden beiden Bereiche mit ihren jeweiligen Einzelkriterien (Gliederung aus: "Abfall vermeiden", Institut für ökologisches Recycling):

Herstellung

- Stoffbilanz (Menge des verbrauchten Rohstoffs und Wert des Rohstoffs gemessen nach dessen Vorkommen, also ob dieser zum Beispiel nachwächst)
- Energiebilanz (eingesetzte Energien für die Herstellung sowie Transportenergie)
- Umweltbilanz (Wasserverbrauch, Schadstoffabgabe in die Luft)

Beseitigung

- Wiederverwendbarkeit
- Recyclierbarkeit
- Verbrennungsverhalten (Brennbarkeit, Verbrennungstemperatur, dadurch entstehende Schadstoffe in Rauchgas und Schlacke)
- Deponieverhalten ("Halbwertszeit", Verträglichkeit mit anderen Deponiestoffen, Sickerwasser, dabei entstehende Gase)

Lassen Sie uns nun an unserem Beispiel Papier diese Kriterien angehen. Eine vereinfachte Ökobilanz für ein Kilogramm chlorfrei-gebleichtes Normalpapier aus frischem Zellstoff könnte demnach wie folgt aussehen (ausführliche Informationen über das Thema *Papier* erhalten Sie in den Kapiteln 3.1 und 3.2):

Herstellung

- Stoffbilanz (2 kg Holz für 1 kg Papier; Holz ist ein nachwachsender Rohstoff, aber durch unökologische Holzwirtschaft wird der Wald und die biologische Vielfalt zerstört, zudem wird bei der Zellstoffgewinnung nur 50% des eingesetzten Holzes verwertet)
- Energiebilanz (8 kwH für 1kg Papier, zusätzlich Transportenergie vom Zellstoffhersteller zur Papierfabrik, von der Papierfabrik zum Vertreiber, vom Vertreiber in die Druckerei, von der Druckerei zum Buchbinder, vom Buchbinder zum Kiosk)
- Umweltbilanz (250 Liter Wasser für 1 kg Papier, Wasserverschmutzung: 200 Gramm CSB)

Beseitigung

- Wiederverwendbarkeit (bürointern: Rückseite als Notizblock benutzen, als Füllmaterial beim Versand verwenden, usw.)
- Recyclierbarkeit (bis zu 8 mal pro Faser)
- Verbrennungsverhalten (gut)
- Deponieverhalten (verrottet vollständig, da natürlich)

Unsere stark vereinfachte, aber vom Prinzip her allgemeingültige Ökobilanz steht damit. Der zweite Schritt beinhaltet nun die Auswertung der einzelnen Kriterien. Auf den ersten Blick scheint es, als ob Papier an sich ein recht umweltfreundliches Produkt sei. Daß dem nicht so ohne weiteres zugestimmt werden kann, läßt sich aus den einzelnen Kriterien herauslesen. So ließe sich bei der *Herstellung* die Stoff-, Energie- und Umweltbilanz durch den Einsatz von Altpapier erheblich verbessern, denn für Recyclingpapier wird kein Holz, nur 1/4 an Energie und 1/50 an Wasser verbraucht, wobei das Wasser mit nur 1/20 des CSB-Wertes belastet wird. Auch die Transportenergie ließe sich wesentlich reduzieren, denn Altpapier wird vor Ort eingesammelt, das Holz oder der Zellstoff muß dagegen aus dem fernen Ausland importiert werden.

Bei der *Beseitigung* dagegen sollten die beiden Kriterien Verbrennungsverhalten und Deponieverhalten so wenig wie möglich in Anspruch genommen werden. Sie sind der schlechteste Weg der Beseitigung, denn der primäre Nutzen des Papiers geht dabei verloren. Außerdem entsteht bei jeder Verbrennung CO_2 (Kohlendioxid), das wesentlich zum Treibhauseffekt beiträgt und den Umstieg auf alternative Energien verzögert.

Es scheint, als ließe sich durch die Beantwortung und Auswertung der einzelnen Kriterien ganz einfach und schnell eine umweltverträglichere Herstellung und Beseitigung eines Produktes realisieren. Man darf hierbei allerdings nicht vergessen, daß es sich bei dem von uns als Beispiel genommenen Papier um ein relativ einfaches Produkt handelt. Anders sieht es dagegen aus, wenn das Produkt aus mehreren Stoffen besteht, wie zum Beispiel eine Verbundverpackung, ein Rasierapparat oder eben ein Computer. In letzterem sind bis zu 1000 unterschiedliche Stoffe vorzufinden, die für die Herstellung des Komplettproduktes "Computer" verwendet werden. Um eine umfassende Ökobilanz für dieses Gerät anzufertigen, müssen also alle diese Stoffe berücksichtigt werden und in die Beurteilung mit einfließen. Berücksichtigen Sie diesen Umstand auch in den nachfolgenden Kapiteln, denn eine ganzheitliche Ökobilanz gibt es zur Zeit für die wenigsten Konsumprodukte.

1.2 Herstellung

So löblich der Versuch einer Ökobilanz für die einzelnen Komponenten eines Computers auch ist, so ist er doch von vornherein dazu verurteilt, unvollständig zu sein, denn es gibt noch keine Untersuchungen, die alle Aspekte berücksichtigen. Wir haben trotzdem versucht, Ihnen die bislang veröffentlichten Informationen übersichtlich und verständlich zusammenzutragen. Eines ist jedoch klar: Die Herstellung ist der entscheidende Schritt im Computerbau, denn hier fallen etwa 95% der umweltbelastenden Stoffe an.

... Stoffbilanz

In einem Computer befinden sich heute bis zu 1000 verschiedene Stoffe. Nachfolgend daher nur die vom Volumen und von der Toxidität her bedeutendsten Stoffe (in

Klammern finden Sie jeweils besondere Hinweise über Giftigkeit oder Verwendungszweck). Interessant ist hierbei eine Untersuchung in den USA, die sich ganz speziell auf die Hochburg der Chipfertigung, Silicon Valley in Kalifornien, bezieht. Nach dieser Veröffentlichung der amerikanischen Regierung aus dem Jahre 1991 sind 6,4% der Arbeitnehmer in der Chip-Produktion aufgrund des Umgangs mit den diversen giftigen Chemikalien krank geworden, Fehlgeburten von beschäftigten schwangeren Frauen traten wesentlich häufiger auf. Hinzu kommt noch, daß durch undichte Tanks mit den hochgiftigen Chemikalien nahezu 50 öffentliche und private Brunnen in der Umgebung des Silicon Valley-Tals für immer geschlossen werden mußten. Die Konzentration der eingeleiteten Chemikalien und Schwermetalle überforderte sogar die Kläranlagen - sie versagten. Dem sogenannten NIOSH-Report von 1991 zufolge werden allein in einem Chip 359 Einzelstoffe eingesetzt, das renommierte Öko-Institut Freiburg kommt sogar auf 3500 Stoffe. Zahlen, die die Schwierigkeiten bei der Herstellung und bei der Entsorgung schier unbeherrschbar erscheinen lassen.

Metalle

- Aluminium (extrem hoher Energiebedarf bei der Herstellung und erhebliche Emissionen)
- Antimon (Verwendung in den Chips und Kleinbauteilen)
- Arsen (Halbmetall, Verwendung in den Chips und Kleinbauteilen)

- Barium (Schwermetall, Bestandteil der Beschichtung zur Erhöhung der Leuchtkraft im Monitor)
- Blei (Schwermetall, bei gelöteten Verbindungen und als Bestandteil der Beschichtung zur Erhöhung der Leuchtkraft im Monitor; und wird in der Festplatte verwendet, Blei findet sich zwischen 1 und 5% auch auf Leiterplatinen)
- Buntmetalle (zum Beispiel Kupferkabel)
- Cadmium (Schwermetall, steht im Verdacht krebserregend zu sein, bei gelöteten Verbindungen, in den Akku-Batterien, die die Systemzeit speichern und als Bestandteil der Beschichtung zur Erhöhung der Leuchtkraft im Monitor; wird auch in der Festplatte verwendet)
- Chrom (Schwermetall, je nach Oxidationsstufe hochgiftig, krebserzeugend und erbgutschädigend)
- Edelstahl (bei Herstellung großer Wasserbedarf und hoher CSB-Wert)
- Eisen (für das Gehäuse oder das Chassis, Eisen findet sich zwischen 5 und 10% auch auf Leiterplatinen)
- Gallium (Verwendung in den Chips und Kleinbauteilen)
- Germanium (Verwendung in den Chips und Kleinbauteilen)
- Gold (Edelmetall, Verwendung auf den Platinen oder in Sockeln einzelner Bauelemente)

- Indium (Verwendung in den Chips und Kleinbauteilen)
- Kobalt (Schwermetall)
- Kupfer (Schwermetall, bei der Gewinnung aus Erzen werden erhebliche Schadstoffe freigesetzt, Kupfer findet sich zwischen 12 und 25% auch auf Leiterplatinen)
- Kupfer-Nickel
- Mangan
- Nickel (Schwermetall, größtenteils giftig, u.a. auch in den Akku-Batterien, die die Systemzeit speichern; Nickel findet sich zwischen 1 und 3% auch auf Leiterplatinen)
- Palladium
- Platin (Edelmetall, Verwendung auf den Platinen oder in Sockeln einzelner Bauelemente)
- Quecksilber (flüssiges Schwermetall)
- Selen (Verwendung in den Chips und Kleinbauteilen)
- Silber (Edelmetall, Verwendung auf den Platinen oder in Sockeln einzelner Bauelemente)
- Silizium (Verwendung in den Chips und Kleinbauteilen)
- Strontium (Schwermetall, Bestandteil der Beschichtung zur Erhöhung der Leuchtkraft im Monitor)
- Tellur (Verwendung in den Chips und Kleinbauteilen)

- Thallium (Schwermetall, hochgiftig, Verwendung in den Chips und Kleinbauteilen)
- Wismut (Schwermetall)
- Zink (Schwermetall, hohe Abwasserbelastung bei der Gewinnung)
- Zinn (Schwermetall, je nach Verbindung sehr giftig, Verwendung bei gelöteten Verbindungen)
- Zinn-Bronze

Gase

- Stickstoff
- Wasserstoff
- Phosphorwasserstoff
- Siliziumwasserstoff

Laugen

- Natronlauge
- ammoniakalische Lösungen

Säuren

- Salzsäure
- Flußsäure

Salze

- anorganische Salze

- Komplexbildner

Kunststoffe

- bis zu 40 verschiedene Kunststoffe, vor allem Polyester-, Polyamid-, Phenol- und Epoxidharze [darunter ABS und PVC], jeweils mit verschiedenen Flammschutzmitteln gegen Selbstentzündung geschützt [z.T. immer noch polybromierte Biphenyle und Phenylether bei Importen, ansonsten auch Antimontrioxid, ein krebserzeugender Stoff]. Flammschutzmittel werden von den meisten Herstellern aus Gründen der Sicherheit bei allen Kunststoffteilen eines Computers zugefügt.

  Da Kunststoff aus Erdöl gefertigt wird, ist dieser brennbar. Damit sich der Kunststoff bei extremer Hitze im Inneren des Rechners, des Monitors oder des Druckers nicht entzündet, werden ihm flammhemmende Mittel zugesetzt. Diese Flammschutzmittel (sie zählen zu den Additiven im Kunststoff) sind in den meisten Fällen krebserzeugend. Es läßt sich bei geschickter Konstruktion ganz auf solche gefährlichen Additive verzichten, beispielsweise durch Verwendung von Metallgehäusen oder Auslagerung des Netzteils. Auf den Platinen wird sich dagegen kurzfristig nichts Wesentliches ändern, denn auch diese bestehen zum Großteil aus Kunststoff und sind so entflammbar.)

- glasfaserverstärkter Kunststoff (für die Platine)

- Schaumstoff

Verschiedenes

- Acryllack
- chlorierte Lösemittel
- chlorierte Kohlenwasserstoffe (darunter das krebserzeugende und in der Verbrennungsanlage das gefährliche Dioxin erzeugende PCB, das vor allem in den Kondensatoren älterer Geräte in großen Mengen anzutreffen ist)
- Fette
- Formaldehyd (steht im Verdacht stark krebserzeugend zu sein)
- Gummi
- Halogenierte Kohlenwasserstoffe (zum Beispiel Perchlorethylen oder Methylenchlorid, stehen im Verdacht krebserzeugend zu sein)
- Harze (zum Beschichten der Leiterplatten, zum Beispiel mit Expoxidharz)
- Holz
- Karton (für die Verpackung)
- Keramik (Verwendung auf der Platine)
- Metalloxide (z.B. Aluminiumoxid zum Beschichten der Schreib-/Leseköpfe)
- Öle

- Oxidationsmittel (wie Kaliumpermanganat, Wasserstoffperoxid, Natriumchlorit zur Oberflächenbehandlung der Leiterplatten und zum Ätzen)
- Thermoplast
- Wasser

Weitere Stoffe werden für diverse Legierungen, zur Isolierung und für die Halbleiter eingesetzt. Außerdem kommt noch die Verpackung hinzu. Hierbei kann es sich um schlichte Pappe, Kunststofffolie und Styropor handeln. Steuerungsgeräte wie Maus oder Joystick bestehen größtenteils aus dem beständigen ABS-Kunststoff. Der Toner in den Tonerkartuschen ist ein Material, dessen Zusammensetzung die Hersteller als höchstes Geheimnis hüten. Daß er jedoch nicht unbedenklich ist zeigt die Tatsache, daß er als Industriemüll entsorgt werden muß. Die Gewebebänder und die Tinte der Tintenpatronen stellen keine Gefahr für die Umwelt dar, aber das Farbbandgehäuse und auch die Tintenpatronen bestehen aus ABS- bzw. aus PE-Kunststoffen.

In der Bundesrepublik werden jedes Jahr knapp 9 Millionen Tonnen Kunststoffe verbraucht. Die wichtigsten Gründe dafür, warum wir den Einsatz von Kunststoffen auch bei all seinen positiven Eigenschaften in möglichst allen Lebensbereichen auf das mindeste reduzieren sollten, haben wir nachfolgend einmal aufgelistet:

Kunststoffe werden aus Erdöl hergestellt. Dieses muß zunächst als Rohöl gefördert werden, wozu riesige Förder- und Bohrtürme im Meer verankert werden müssen. Beispielsweise in der Nord- und Ostsee führen diese durch die Nähe zum schutzbedürftigen Ökosystem *Watt* zu erheblichen ökologischen Problemen. Doch auch mitten im Meer besteht die Gefahr, daß die Rohrleitungen des Förderturms undicht werden, Rohöl über längere Zeit unbemerkt in das Meer gelangt und dort ökologischen Schaden anrichtet. Auch wird für Pipelines nicht nur immens viel Material benötigt, sondern über Tausende von Kilometern wird die Vegetation durch den benötigten Platz und die Servicestraßen zerstört und verinselt.

Nach der Förderung wird das Rohöl auf Öltankern zu den Raffinerien verschifft, die bei uns in Europa zum Beispiel in Rotterdam und in Hamburg liegen. Hier besteht die wohl größte Gefahr für die Umwelt, denn Umweltkatastrophen durch verunglückte Öltanker gibt es gleich mehrmals im Jahr. Wo das Öl ins Meer gelangt, hat die Vegetation keine Chance mehr. Wir Konsumenten sind durch gedankenloses und übermäßiges Nutzen von PKW und LKW (Benzin, Diesel) und einen immensen Kunststoffverbrauch für die Zerstörung der Umwelt durch solche Naturkatastrophen direkt verantwortlich.

Erdöl, das für die Herstellung von Kunststoffen benötigt wird, ist kein nachwachsender Rohstoff wie beispielsweise Holz und wird zudem noch für viele Jahre, bis ein Umstieg auf alternative Energien möglich ist, in großen Mengen für Benzin und zum Heizen benötigt, so daß wir mit diesem Rohstoff wesentlich sparsamer umgehen müßten, als dies zur Zeit der Fall ist. Zudem ist vor allem im ehemaligen Ostblock und teilweise auch in den Schwellenländern bis zum Jahr 2000 mit einer verheerenden

Zunahme des Verkehrsaufkommens, des Flugaufkommens und des Konsums zu rechnen. Schätzungen gehen davon aus, daß die Erdölvorräte spätestens in 50 bis 70 Jahren erschöpft sein werden.Zudem ist vor allem im ehemaligen Ostblock und teilweise auch in den Schwellenländern bis zum Jahr 2000 mit einer verheerenden Zunahme des Verkehrsaufkommens, des Flugaufkommens und des Konsums zu rechnen. Schätzungen gehen davon aus, daß die Erdölvorräte spätestens in 50 bis 70 Jahren erschöpft sein werden.

Kunststoff ist genauso wie Papier grundsätzlich zu einem fast gleichwertigen Kunststoff zu recyceln. Voraussetzung hierfür ist jedoch, daß der Kunststoff vollkommen sortenrein und ohne jegliche Fremdstoffe vorliegt. Dies ist jedoch ein Problem, denn jeder Hersteller hat seine eigene spezielle Rezeptur für einen Kunststoff. Derzeit wird zwischen etwa 150 Kunststoffsorten unterschieden, wobei von jeder Sorte mehrere verschiedene Typen vorkommen. So können sich zum Beispiel unter dem allseits bekannten Kürzel PE bis zu 200 verschiedene Polyethylentypen verbergen. Aus diesen Gründen ist absolute Sortenreinheit wenn überhaupt nur im internen Recycling der Firmen möglich, wo Produktionsabfälle gleich wieder in den Produktionskreislauf mit einfließen. Ein Sammelsystem für Kunststoffe kann daher nicht die Sortenreinheit garantieren und wäre zudem nur sehr schwer und auch nur sehr aufwendig zu installieren. Man müßte Kunststoffe u.a. nach folgenden Kriterien getrennt sammeln, damit ein sinnvolles Recycling mit noch überschaubaren Qualitätsverlusten überhaupt möglich ist:

- nach der Art, also nach PE, PP, ABS usw. (nur thermoplastische Kunststoffe!)

- nach der Farbe, denn wie beim Altglasrecycling läßt sich ein schwarzer Kunststoff nicht wieder zu einem transparenten Kunststoff recyceln. Auch ein De-Inking (Farbentfernung) wie beim Altpapier ist technisch nicht durchführbar, da der Kunststoff meist als Ganzes mit Farbstoff versetzt wird, und nicht etwa nur die Oberfläche.

- nach eventuellen Zusatzstoffen (Additive, von denen es allein für PP, PE und PS zur Zeit etwa 2280 verschiedene gibt und von denen der überwiegende Teil als krebsverdächtig gilt), die ein Recycling erschweren, zum Teil sogar unmöglich machen. Als Additive in Kunststoffprodukten gelten zum Beispiel Flammschutzmittel, Weichmacher, Stabilisatoren, Füllstoffe, Farbmittel oder optische Aufheller. Allein schon die Farbpigmente von bedruckter Kunststoffolie behindern das Recycling.

Die Kosten für den Aufbau und die Unterhaltung eines solchen aufwendigen Sammelsystems - sowohl in Form von Containern als auch in der Form, daß die verschiedenen Materialien im Recyclingunternehmen über ein optisches oder ein manuelles Verfahren getrennt werden - würde über den Preis direkt an den Kunden weitergegeben, was Kunststoffprodukte gegenüber natürlichen Produkten verteuern und unattraktiver machen würde. s Dies wäre letztendlich im Sinne der Umwelt wiederum wünschenswert.

Die *Hydrierung* ist gerade in letzter Zeit durch die Entsorgungsprobleme des Grünen Punktes als Alternative von der Kunststoffindustrie euphorisch begrüßt worden. Bei der Hydrierung erhält man jedoch nicht die ursprünglichen Ausgangsstoffe (also u.a. das Erdöl) aus dem Kunststoff zurück, sondern man gewinnt neben einigen nicht zu verwertenden und teilweise giftigen Hydrierungsabfällen billiges Heizöl, das durch Verbrennung zum Treibhauseffekt beiträgt und durch den verstärkten Einsatz in den Haushalten einen Umstieg auf alternative Energien weiter hinauszögert.

Einen in kürzester Zeit auf der Deponie verrottbaren Kunststoff gibt es noch nicht, und Experten bezweifeln, ob ein solcher je möglich sein wird. So benötigt zum Beispiel eine simple Kunststoffolie aus PE nach Untersuchungen eines schwedischen Instituts 400 bis 500 Jahre, bis sie vollständig abgebaut ist - ein Gruß an die kommenden Generationen.Aus diesem Grund werden die Mülldeponien immer größer und immer mehr Kunststoffe wandern in die Müllverbrennungsanlage. Dort werden beispielsweise durch bromierte Flammschutzmittel in älteren Rechner- und Monitorgehäusen oder durch PVC die äußerst gefährlichen Dioxine und Furane freigesetzt - Stoffe, die als die giftigsten synthetisierten chemischen Substanzen gelten und die krebserregend, mißbildungsfördernd und erbanlagenschädigend sind. Dioxine werden vor allem über die Haut, die Atemluft und über die Nahrung aufgenommen, wo sie sich anreichen. Allein durch einige hundert Gramm Dioxin (TCDD), die aus der Chemiefabrik Hoffmann-La Roche in Seveso entwichen sind, bekamen hunderte Personen die entstellende Chlorakne, über 35.000 Tiere verendeten oder mußten getötet werden, und eine Fläche von 87 Hektar wird bis heute hermetisch abgeriegelt. Tatsachen, die für die Gefährlichkeit dieser und für den Verzicht auf diese Stoffe sprechen.

Trotz seiner guten Eigenschaften besitzt der Kunststoff gegenüber Produkten aus natürlichen Materialien in der Regel eine kürzere Lebensdauer und muß daher öfter entsorgt und produziert werden, was aufgrund der dafür benötigten Ressourcen und Energien zu vermeiden ist. Ob es sich hierbei nun um einen Eimer aus Plastik statt aus Metall, eine Verpackungsfolie statt eine Recycling-Papp-verpackung, eine Diskettenbox aus Plastik statt aus Holz oder um ein Monitorgehäuse aus Plastik statt aus Metall handelt (wobei bei letzterem Beispiel bei Verwendung von Metall noch zusätzlich die Flammschutzmittel und elektromagnetischen Strahlen wegfallen würden) - natürliche Materialien sind nicht nur nachwachsend und leichter zu recyceln, sondern ihre Abfälle sind auch umweltfreundlicher zu entsorgen.

... Energie- und Umweltbilanz

Im Gegensatz zu der Stoffbilanz wollen wir die Energie- und Umweltbilanz für die Herstellung zusammenfassend darstellen, da man nur über dieses Thema ein mehrbändiges Werk niederschreiben könnte. Allein die Gewinnung der für die Herstellung in absoluter Reinheit benötigten Stoffe und Chemikalien verschlingt riesige Mengen an Energie und verursacht bereits erhebliche Sonderabfälle.

Als Beispiel sei hier nur die Gewinnung von Kupfer genannt, bei der für eine Tonne Rohkupfer mehr als die tausendfache Menge an Abfall entsteht. Ein weiteres Beispiel ist die Erzförderung, die einen extremen Flächenverbrauch bedingt und zu schädlichen Schwermetallanreicherungen in den Flüssen führt. Mit noch krasseren Auswirkungen haben wir es beim Aluminium zu tun: Für die Herstellung von Aluminium wird als Rohstoff das aluminiumhaltige Mineralgestein Bauxit benötigt, das in der Dritten Welt, hier vorwiegend in den subtropischen Gebieten, und in Australien abgebaut wird. Beim Abbau wird die Landschaft verwüstet, Tropen- und Regenwälder werden abgeholzt, riesige Landschaften für Staudämme zur Stromerzeugung überflutet, ganze Volksgruppen zwangsumgesiedelt und in die wirtschaftliche Abhängigkeit getrieben. Auch für den Menschen notwendige Ökosysteme werden so zerstört. Hinzu kommt noch die Transportenergie, die bei der Herstellung und bei der Lieferung vom Ursprungsort zum Hersteller für eine Stoffanzahl von bis zu 1000 Materialien enorm ist.

Durch die auf Hochleistung ausgerichtete Technik entsteht zudem bei der Produktion ein beachtlicher Ausschuß, der in der Regel nicht mehr in den Produktionskreislauf mit einfließen kann, da die Stoffe meist schon untrennbar miteinander vermengt sind. Allein bei der Fertigung von Leiterplatten fielen im Jahre 1988 in der Bundesrepublik Deutschland folgende Sonderabfälle an (aus: Globus 1/91):

- 70.000 Tonnen saure und alkalische Ätzlösungen, Lösungsmittelrückstände und komplexbildnerhaltige Lösungen
- 15 Millionen m^3 schwermetall- und komplexbildnerhaltige Abwässer
- 10.000 Tonnen lösungsmittelhaltige Schlämme und Basismaterialien

Hinzu kommen noch Abwasserbelastungen durch Bildschirmbeschichtungen oder Platinenreinigung. Das die Ozonschicht auffressende FCKW und seine in ihrer Wirkung nicht minder bedrohlichen Ersatzstoffe, die hauptsächlich für die Säuberung der Chips und Platinen benutzt werden, soll 1993 aus den meisten Herstellerlabors gänzlich verschwunden sein.

Bis zu 15% der kritischen Produktionsabfälle müssen noch auf Spezialdeponien gelagert werden, was sich besonders auf die Schlämme bezieht. Die restlichen Abfälle können durch Hydrierung unter hohem Aufwand und weiterer Umweltbelastung durch Energiebedarf und Abfälle recycelt werden.

1.3 Beseitigung

Auch bei den Beseitigungskriterien können wir aus Platzgründen nicht auf jeden einzelnen verwendeten Stoff eingehen, sondern wir werden uns die für die Umwelt und für das Recycling relevanten Stoffe herausnehmen und bewerten. Als kleine Hilfe kann hier die nachfolgende prozentuale Auflistung der verschiedenen Materialgruppen dienen, die in einem durchschnittlichen PC inklusive Monitor zu finden sind (Quelle: IBM):

- 48% Eisenschrott (voll recycelfähig)
- 26,1% Buntmetalle (voll recycelfähig)
- 13,4% Kunststoffe und Glasgemische (nur sehr begrenzter Wiedereinsatz)
- 5% Teile für die direkte Wiederverwendung (Chips, Speicherbausteine etc.)
- 3,4% Aluminium und Edelstahl
- 3% edelmetallhaltiges Material wie z.B. die Leiterplatten
- 0,8% sortierfähige Kunststoffe
- 0,3% Sonderstoffe wie Öle, Fette werden recycelt, Resttinte oder das Gewebe der Farbbänder verbrannt, Batterien und Kondensatoren werden endgelagert

Theoretisch könnten heutzutage bis zu 97% aller in einem PC eingesetzten Materialien direkt wiederverwendet und recycelt werden. Tastaturen sind sogar bis zu 99,8% recycelbar. Allerdings gibt es noch keine Anlagen oder Unternehmen, die diese hohen Recyclingquoten erreichen, sieht man einmal von den gewerblichen Großanbietern wie IBM oder ICL ab, die heute schon 90% und mehr erreichen. Dem Recycling stehen jedoch sowohl finanzielle Gründe als auch ökologische Bedenken gegenüber. Nicht immer ist Recycling um jeden Preis die sinnvollste Lösung für die Umwelt, denn auch hier fallen erhebliche Schadstoffe an.

Man muß also vor dem Recycling, ja schon vor der Fertigung eines Produktes darüber nachdenken, welche gefahrlosen und sehr gut zu recycelnden Stoffe man bei der Produktion verwendet. Zur Zeit kann man etwa davon ausgehen, daß durchschnittlich etwa 83% eines PCs recycelt, 7% direkt wiederverwendet und immerhin noch 10% deponiert werden müssen.

... Wiederverwendbarkeit

Die Wiederverwendbarkeit von Eproms, Mikroprozessoren, Speicherbausteinen, Schreib-/Leseköpfen, Linearmotoren oder Netzteilen wird bereits ausgenutzt. Zudem werden funktionstüchtige Bauteile oder Baugruppen wie zum Beispiel Festplatten, Diskettenlaufwerke oder Grafikkarten an Elektronikgeschäfte verkauft, die mit Ersatzteilen für elektronische Geräte und Computer handeln, so daß diese auch direkt wiederverwendet werden können. Der Anteil der wiederverwendbaren Bauteile ist jedoch sehr niedrig und liegt derzeit zwischen 5% und 7% , denn meist werden defekte Rechner als Elektronikschrott recycelt, so daß eine aufwendige Überprüfung von einzelnen Baugruppen der Fall sein müßte.

Solange die direkt wiederverwendbaren Teile auch wieder ihrem eigentlichen Verwendungszweck in einem PC dienen, ist dies zu begrüßen. Es wird aber ein nicht unbeträchtlicher Teil von Eproms und anderen Kleinteilen in der Spielzeugindustrie wiederverwendet. Da in den Einzelteilen das Vorhandensein von Giftstoffen nicht auszuschließen ist, ist dies eine Anwendung, die einer gründlicheren Überprüfung bedarf.

... Recyclierbarkeit

Grundsätzlich soll dadurch, daß ein recycelter Stoff zum gleichen Zweck wie der ursprüngliche wieder eingesetzt wird, die Neuproduktion von Stoffen und Materialien vermieden werden, so daß eine Reduzierung des Wasser-, Energie- und Ressourcenverbrauchs und der Abfälle, Emissionen und Abwasserbelastungen erreicht wird. Die Recyclierbarkeit hängt jedoch von dem jeweiligen Stoff ab und bringt in jedem Fall neue Emissionen und somit Umweltbelastungen beim Recycling mit sich. Wie schon bei unseren Kriterien gegen Kunststoffe angeführt, kann Kunststoff aufgrund der verschiedenen Typen und der zum Teil toxischen Additive nur zu einem minderwertigen Kunststoff recycelt werden (man spricht hier auch von *Down-Recycling*). Ein Problem dabei ist, daß beim Recycling die toxischen Additive nicht herausgefiltert werden können, somit im Kunststoff verbleiben und dann vielleicht in einem Haushaltsprodukt aus recyceltem Kunststoff wirken. Um den minderwertigen Kunststoff wieder für andere Produkte einsetzen zu können, müssen wieder neue Additive (wie Füllstoffe, Stabilisatoren usw.) beigemischt werden, so daß sich die Additive und Schadstoffe im Kunststoff akkumulieren, das heißt, sie reichern sich mit jedem Recyclingzyklus zu immer höheren Konzentrationen an.

Bevor der eigentliche Schritt des Recyclings beginnt, nämlich die Wiedergewinnung des eingesetzten Stoffes, müssen die verschiedenen Stoffe voneinander getrennt werden - was sich als sehr problematisch erweist, denn besonders Metall-Kunststoffverbindungen und die Bildschirmröhren der Monitore stellen die Recycler derzeit noch vor ein großes Problem. Daneben werden manche Stoffe in der Produktion in nur sehr geringen Mengen verarbeitet, was eine Wiedergewinnung des Stoffes nahezu unmöglich macht. Dazu kommt noch die Tatsache, daß aufgrund des extremen Preiskampfes in der Computerbranche teure aber relativ gut zu recycelnde Stoffe durch billigere, dafür aber wesentlich problematischer zu recycelnde Stoffe ersetzt werden. Ein gutes Beispiel ist hier das Edelmetall Gold, von dem man in einer Tonne Platinenschrott vor 6 Jahren noch knapp 1 Kilogramm, heute gerade noch 10 Gramm pro Tonne findet.

Während die größeren Gehäuseteile aus Stahlblech oder Kunststoff leicht zu fraktionieren sind, so stellen die Platinen den Recycler vor ein Problem. Zur Zeit wird über verschiedene Verfahren (physikalisch, thermisch, metallurgisch oder chemisch) versucht, die Leiterplatten zu verwerten. Daß hier noch keine entscheidenden und alltagstauglichen Lösungen gefunden sind, zeigt die Tatsache, daß beispielsweise bei der chemischen und der thermischen Methode bis zu 70% des ursprünglichen Leiterplattengewichts als Schlacke anfällt, die dann entsprechend entsorgt werden muß. Daneben entstehen bei der thermischen Behandlung auch hochgiftige Verbrennungsprodukte.

Man muß sich daher grundsätzlich überlegen, ob es nicht sinnvoller und umweltgerechter ist, wenn man so viele funktionstüchtige Baugruppen oder Teile wie möglich direkt wiederverwendet, anstatt deren einzelne Rohstoffe zu recyceln und dann wieder neu zu produzieren, denn sowohl Recycling als auch Neuherstellung gehen mit erheblichen Umweltbelastungen einher.

Besonders problematisch stellt sich zur Zeit noch das Recycling von Monitoren dar. So besteht eine Bildröhre im Prinzip aus einem hinteren Konusglas, mit dem die Steuerung der Kathodenstrahlen verbunden ist, und einer Frontscheibe, dem Schirmglas. Das Konusglas besteht aus Bleiglas, also einem Glas, in dem Blei ein Bestandteil des Glases ist, und nicht etwa aufgetragen wird. Der Bleigehalt kann bis zu 20% betragen. Das Glas eignet sich daher nicht für die Wiederverwertung in der herkömmlichen Glasindustrie, wie beispielsweise für die Flaschenherstellung. Das Schirmglas besteht dagegen aus einem Barium/Strontium-Glas. Konus und Schirmglas sind miteinander über ein hoch bleihaltiges Glaslot verbunden. Die beiden Gläser sind zudem mit verschiedenen, zum Teil sehr giftigen Materialien beschichtet, die nur sehr schwer von den Gläsern zu trennen sind. Aufgrund der hohen Qualitätsanforderungen bei Monitoren und Fernsehern können die Gläser nicht in Neugeräten verwendet werden. Die einzige derzeit praktizierte Lösung liegt in der thermischen Verwertung der störenden Stoffe im Glas, also in der Verbrennung. Nach diesem Vorgang müssen immer noch ca. 30 g einer Bildröhre auf der Deponie eingelagert werden.

Eine Alternative könnte der LCD-Bildschirm sein, der zumindest vom Volumen her mit weit weniger Material auskommt, als ein herkömmlicher Monitor mit Röhre. Bei einem LCD-Monitor wird jedoch eine krebserregende Leuchtschicht in Form von Flüssigkristallen zwischen zwei Polarisationsfolien aus Kunststoff in einer Dicke von 1/100 mm mit etwa 200 mg aufgetragen. Zwischen zwei Glasplatten verklebt und mit der Ansteuerungstechnik verbunden ist dies bereits der eigentliche LCD-Monitor. Allerdings weiß man zur Zeit noch nicht, welche weiteren gefährlichen Stoffe sich in LCD-Bildschirmen befinden und welche Probleme sich bei der Entsorgung ergeben können, denn Flüssigkristalle können nicht wiederverwertet, sondern müssen verbrannt werden. Zur Zeit laufen die ersten Untersuchungen, wie sich LCD-Bildschirme recyceln lassen.

... Verbrennungs- und Deponieverhalten

Bevor wir uns mit dem Verbrennungs- und Deponieverhalten von Elektronikschrott befassen, wollen wir noch einige grundsätzliche Worte zur Verbrennung und zur Deponierung verlieren. Beide Methoden der "Entsorgung" befreien uns nämlich keinesfalls von den Sorgen, die uns der industriell produzierte Abfall beschert.

Zwar bestreiten immer mehr Kommunen durch die *Verbrennung* auch eine Energiegewinnung, aber zu welchem Preis. Neben dem bei jeder Art von Verbrennung entstehendem Kohlendioxid (CO_2), das als Treibhausgas in die Menschheitsgeschichte eingehen wird, entstehen unter anderem zum Beispiel Schwefeldioxid, Stickoxide, Photooxidantien, Halogenwasserstoffe, die für den sauren Regen und somit für das Waldsterben verantwortlich zeichnen, und nicht zu vergessen die hochtoxischen und krebserzeugenden Dioxine und Furane. Zwar kann durch die Verbrennung von Abfällen in der Müllverbrennungsanlage Energie gewonnen werden, die dann beispielsweise für die Wärmeerzeugung eingesetzt wird, und dabei spart man primäre Brennstoffe wie fossile Brennstoffe oder Holz.

Allerdings ist dieser scheinbare Vorteil in der Tat gleich ein mehrfacher Schritt rückwärts, denn wir müssen immer mehr konsumieren, um den immer weiter steigenden Energiebedarf zu decken und auf diese Weise immer mehr Ressourcen durchsetzen. Auf der anderen Seite wird es immer schwerer auf alternative Energien umzusteigen, wenn eine Verbrennung als Energiequelle nicht mehr gelten soll, denn wohin dann mit den Abfallbergen? Zudem müssen die bei der Verbrennung entstehenden Schadstoffe gefiltert werden, damit diese nicht in die Luft gelangen. Diese hochgiftigen Schlacken können nicht mehr verbrannt, sondern müssen auf Sondermülldeponien eingelagert werden und machen immerhin bis zu 50% der eingesetzten Menge aus.

Auf der *Deponie* reihen sich diese Schlacken dann nebeneinander mit anderen, nicht mehr zu recycelnden oder in anderer Form wiederzuverwendenden Stoffen - in der Hoffnung, daß eines Tages einmal die Technik so weit sein wird, diese Hinterlassenschaften aufzuarbeiten. Wir sind dabei, unsere Umwelt zuzudeponieren. Immer mehr Platz wird für Deponien regelrecht erschlossen. Erschlossen deshalb, weil auf Deponien die Schadstoffabgabe in das Grundwasser weitestgehend vermieden werden sollte. Ob dies immer der Fall ist, läßt sich schwer nachprüfen. Immer mehr wird auch dazu übergegangen, Untertagedeponien, beispielsweise alte Salzbergwerke, als letzte Ruhestätte für den Abfall einzurichten. Doch auch hier wird der Platz langsam eng. Bei der Verbrennung von Elektronikschrott können nun u.a. aufgrund des in Altgeräten immer noch sehr häufig anzutreffenden PVCs, der bromierten Flammschutzmittel und des PCB in den Kondensatoren Dioxine und Furane, Halogenwasserstoffe und Quecksilber- und Cadmiumabgase in die Umwelt abgegeben werden. Als feste Rückstände verbleiben in Form von zu deponierenden Schlacken zum Beispiel Dioxine, Furane, Schwermetall- und Buntmetallverbindungen zurück. Daneben entsteht wie bei jeder Verbrennung das treibhauseffektfördernde CO_2. Auf der Deponie können zudem organische Halogenverbindungen als giftiges Deponiegas entstehen. Weiterhin besteht die Gefahr, daß Schwermetallverbindungen, Buntmetallverbindungen, organische Verbindungen und auch PCB über Sickerwasser in das Grundwasser und so über die Nahrungsaufnahme in den menschlichen Körper gelangen.

1.4 Wege aus der Problematik

Die Problematik bei Elektronikschrott kann nicht bestritten werden. Auch unsere relativ bescheidene Ökobilanz hat dies bereits verdeutlicht. Unsere Aufgabe kann es nur sein, Wege zu finden, um dieser Problematik Herr zu werden und zu einer ökologisch verantwortbaren Materialwirtschaft (nicht nur) bei Elektronikschrott zu gelangen. Nachfolgend wollen wir einige erste Vorschläge diskutieren.

... Recyclinggerechte Konstruktion

Nachdem wir uns mit den Problemen bei Herstellung und Beseitigung der einzelnen Hardwarekomponenten beschäftigt haben, wollen wir uns nun mit Vorschlägen auseinandersetzen, die von der produktionstechnischen Seite her zu einer Verbesserung der Situation beitragen können. Es handelt sich hierbei um Vorschläge unter dem Oberbegriff *recyclinggerechte Konstruktion*. So befindet sich beim RAL-Institut bereits eine Vorlage an das Bundesumweltamt in Bearbeitung, die für recyclinggerecht konstruierte PCs den *Blauen Umweltengel* vergeben soll. Die Anforderungen, die von Seiten der Hersteller für die Erlangung dieses Blauen Engels erfüllt werden müssen, können ein erster Schritt hin zu einem umweltverträglicher konstruierten PC sein, aber sie lösen das Problem Elektronikschrott nicht alleine. Solange der PC in jeden Haushalt und in jedes Büro Einzug hält wie vor 30 Jahren der Fernseher, kann es keine akzeptable und umweltverträgliche Lösung auf diesem Gebiet geben.

Anforderungen an eine recyclinggerechte Konstruktion von PCs sind im allgemeinen

- modularer Aufbau zur Anpassung an neue Prozessorgenerationen und für Speichererweiterungen
- Funktionserweiterungen durch Steckplätze
- auswechselbare HD- (Festplatte) und FD-(Disketten)-Laufwerke/Datenspeicher
- flimmerfreier und strahlungsarmer Monitor (z.B. entsprechend schwedischem Standard MPR II)
- mechanische Verbindungen (also Schnapp- oder Schraubverbindungen; leichte Demontierbarkeit mit Standardwerkzeugen)
- möglichst viele wiederverwendbare Teile und Baugruppen
- Reparaturfreundlichkeit und dadurch lange Lebensdauer
- Beschränkung der Materialienvielfalt für das Produkt, insbesondere der verwendeten Kunststoffsorten; keine schwermetallhaltigen Kunststoffe
- Verwendung solcher Kunststoffsorten, die vorrangig durch Umschmelztechnik wiederverwertbar sind
- keine Verwendung von krebserzeugenden, dioxin- oder furanbildenden Flammschutzmitteln in Leiterplatten und Gehäusen; Angabe der für den Flammschutz verwendeten Stoffe (es werden zwar heute Bromverbindungen benutzt, bei denen die Dioxinausgasungen beim Gebrauch der Geräte auszuschließen ist, diese stoßen aber trotzdem bei der Verbrennung die Dioxine und Furane aus; in jüngster

Zeit werden Versuche mit Flammschutzmitteln auf der Basis von Aluminium- und Magnesiumverbindungen erprobt, die diese negativen Auswirkungen nicht haben)

- alternativ Metallgehäuse verwenden oder Netzteile extern in einem Metallgehäuse unterbringen, da hierdurch auf Flammschutzmittel verzichtet werden kann
- ausschließliche Verwendung recyclinggeeigneter Stoffe
- Verzicht auf halogenhaltige Stoffe (beispielsweise bei Flammschutzmittel, Farben oder Lösemittel)
- Minimierung oder Ersatz der giftigen Chemikalien bei der Chip-Herstellung
- Edelstahl vermeiden, da hierdurch die Maschinen beschädigt werden
- Material-Kennzeichnung für alle Kunststoffteile
- Energieverbrauch/Sparschaltung; Geräuschemission
- Reparaturanleitung für den Anwender; keine Gefahrstoffe in Servicekits

Diesen Anforderungen wird ansatzweise bereits der Rechner PS/2 Modell 40 aus dem Hause IBM gerecht. Bei diesem Modell wurden die Kunststoffe auf zwei Sorten reduziert, die Demontierbarkeit auf zwei Schrauben und Steckverbindungen eingeschränkt - und das Ganze ohne Mehrkosten. Noch einen Schritt weiter ging IBM auch in Sachen Energieeinsparung. Auf der diesjährigen CeBIT wurde ein "Energiespar-Computer" vorgestellt, ein Gerät, das dem "Grünen PC" schon sehr nahe kommen und bis Mitte 1993 zu haben sein soll. Das Gerät wiegt nur annähernd 2 Kilogramm, mißt 30,5 x 30,5 x 6,4 cm und besitzt vier Slots für die kreditkartengroßen PCMCIA-Erweiterungen. Ein 3,5"-Diskettenlaufwerk und eine 2,5"-Festplatte mit 120 MB Kapazität sind bereits eingebaut. In Sachen Energieverbrauch kann dieser Rechner im Gegensatz zu der herkömmlichen Leistungsaufnahme eines PCs (zwischen 200 und 250 Watt) mit 30 Watt für die Systemeinheit und 30 Watt für den Monitor aufwarten. Erreicht wird diese Einsparung durch Weglassen des Lüfters, Einsatz des stromsparenden 486SLC2-Mikroprozessors mit dem IBM-eigenen "Clock-Doubling (25/50 MHz) und durch das TFT-Aktiv-Matrix-Farbdisplay mit 16 Farben bei 640 x 480 Punkten VGA-Auflösung. Letzteres ist abnehmbar und kann über Infrarot angesteuert werden. Alternativ kann auch ein herkömmlicher Monitor angeschlossen werden. Hinsichtlich der Kriterien für recyclinggerechte Konstruktion soll dieses Gerät laut IBM den Vorgaben des PS/2 Modell 40 folgen.

Beim modularen Aufbau des Rechners engagieren sich besonders Firmen wie Dell, Siemens Nixdorf oder ICL mit ihren Geräten.

Auch um das Gehäuse der Rechner und Monitore machen sich einige Hersteller Gedanken. Wenn man von den heute verwendeten Kunststoffen für die Gehäuse Abstand nimmt und stattdessen wieder - wie schon vor Jahren verwendet und aus Kosten- und Fertigungsgründen fast vom Markt verschwunden - Metallgehäuse einsetzt, würde überhaupt keine Notwendigkeit für die Flammschutzmittel bestehen. Auch ist Metall im Gegensatz zum Kunststoff immer wieder einschmelzbar und auch für den gleichen Zweck wiedereinzusetzen. Zudem gibt Metall als Gehäusematerial wesentlich weniger elektromagnetischen Strahlungen ab, was für den Benutzer ein weiterer Vorteil wäre.

Andere Hersteller wiederum setzen auf die weitere Miniaturisierung der Geräte und der Bauteile, so daß weniger Material benötigt wird. Allerdings muß man sich bei der Herstellung durch die Miniaturisierung zunehmend chemischer Fertigungsverfahren bedienen, die dann wiederum Stoffe verwenden, die die Umwelt stark belasten können. Hier muß eine ökologisch sinnvolle und vertretbare Synthese aus beidem gefunden werden.

... Lebensdauer

Ein weiterer Weg hin zu einer ökologisch vertretbaren Materialwirtschaft bei Elektronikgeräten muß über eine längere Lebensdauer und eine höhere Reparaturfreundlichkeit der Geräte gehen, wodurch der umweltbelastende schnelle Stoffdurchsatz unserer Wegwerfgesellschaft eingedämmt würde. Würde man die Lebensdauer eines Computers verdoppeln, so ließen sich im Vergleich zu einem herkömmlichen Rechner die Umweltbelastungen bei Herstellung und Beseitigung bereits halbieren!

Hier kann sicherlich der modulare Aufbau der Geräte behilflich sein. Das heißt, es werden jeweils nur die technischen Weiterentwicklungen ausgetauscht, beispielsweise ein Chip oder eine Grafikkarte. Bei Festplatten und Diskettenlaufwerken wird dies schon praktiziert. Der eigentliche Rechner wird weiterhin genutzt und nur die ausgetauschten Teile müssen recycelt werden oder können sogar noch als Ersatzteile für ältere Geräte dienen. Geräte, die diesen Aspekt bereits ansatzweise berücksichtigen, sind beispielsweise von den Firmen Dell, Siemens Nixdorf oder ICL zu haben. Damit diese Geräte auch nach der intensiven Nutzung umweltgerecht recycelt werden können, muß der Aspekt der recyclingfreundlichen Konstruktion auch hier natürlich berücksichtigt werden. Allerdings haben wir es hier nicht nur mit einem technisch sogar recht kurzfristig lösbaren, sondern vielmehr mit einem gesellschaftlichen Problem zu tun, denn immer noch ist das Neueste und das Beste die Richtlinie, nach der sich die meisten Konsumenten richten, so daß sich der modulare Rechner wohl zuerst im gewerblichen Bereich - schon allein wegen der Kosteneinsparungen - durchsetzen wird.

Ein Beispiel für ein langlebiges und gleichzeitig bei den Verbrauchsmaterialien sparendes Produkt ist der LED-Drucker FS-1500 von der Firma Kyocera. Anstelle der von den Laserdruckern her bekannten Photoleitertrommel arbeitet dieser Drucker mit einer Amorphous Silicon Drum (aSi), die selbstreinigend und so sehr widerstandsfähig gegen Verschmutzungen ist. Nach Herstellerangaben hat diese Trommel ein Druckvolumen von etwa 300.000 Blatt, weswegen einzig und allein der Toner erneuert werden muß. Auf diese Weise entfällt eine erhebliche Menge Abfall, denn das Auswechseln der Tonerkartuschen und der Photoleitertrommel gehören bei diesem Drucker der Vergangenheit an.

... Produkt-Leasing

Betrachtet man sich die Intensität, mit der ein Rechner benutzt wird, so kann man sagen, daß in den meisten Büros, vor allem aber in den privaten Haushalten, der Computer gemessen an seiner Leistungsfähigkeit regelrecht vernachlässigt wird, denn er ersetzt in den meisten Fällen nur die Schreibmaschine, den Karteikasten oder den Terminkalender. Rechner sind heutzutage für jedermann erschwinglich, so daß eine Kosten-/Nutzenanalyse in vielen Fällen nicht mehr angefertigt wird - es wird einfach gekauft, und die Umweltbelastungen, die bei der Herstellung eines solchen Gerätes anfallen, werden akzeptiert, auch wenn diese nicht annähernd in einem Verhältnis zu dem gewonnenen Nutzen stehen.

Ein Lösungsansatz könnte hierbei der von einigen Firmen schon angebotene Weg des Geräteleasings sein: Rechner werden nur für eine bestimmte Zeit vom Hersteller an einen Kunden, sei er gewerblich oder privat, ausgeliehen. Nach dieser Zeit wird der Rechner zurückgegeben (oder kann auch übernommen werden) und kann anschließend an einen anderen Interessenten verliehen werden. Bei entsprechend langlebig konstruierten und modular zu erweiternden Geräten kann das Geräteleasing die Neuproduktion von Rechnern reduzieren. Durch die Langlebigkeit der Geräte lassen sich zudem für die Kunden sehr günstige Leasingraten realisieren, so daß beispielsweise auch Studenten einen Rechner für ihre Studienarbeiten über drei oder vier Jahre durchaus nutzen und dann wieder zurückgeben können. Auch in Situationen, wo in stark EDV-abhängigen Büros mehrere Computer für eine bestimmte Zeit aus Gründen fehlender EDV-Kapazitäten benötigt werden, böte sich ein Gerätemietvertrag an.

Damit diese Geräte nach der intensiven Nutzung umweltgerecht recycelt werden können, muß der Aspekt der recyclingfreundlichen Konstruktion hier natürlich genauso berücksichtigt werden. Beide Lösungsansätze, also langlebige Geräte und Produktleasing, werden wahrscheinlich als erstes im gewerblichen Bereich greifen, wenn die entsprechenden Angebote vorliegen. Einen ersten kleinen Schritt unternimmt hier zum Beispiel die Firma Hewlett-Packard, die im medizinischen und Universitätsbereich gebrauchte Geräte zurücknimmt, gründlich überholt und bei entsprechender Nachfrage wieder an Kunden abgibt. Bevor jedoch auch der Privatanwender bereit ist, auf solche Angebote zurückzugreifen, sind noch einige Änderungen im Konsumentendenken notwendig.

... Ziele und Auswirkungen der geplanten Elektronikschrott-Verordnung

Derzeit fallen in der Bundesrepublik im Jahr etwa 12.000 Tonnen Computerschrott mit einer jährlichen Zuwachsrate von 10% an. Die Zeiten, in denen man seinen kaputten Rechner, Drucker, Monitor oder Zubehör einfach in die Mülltonne geworfen hat, sind vorbei - zumindest dann, wenn die Elektronikschrott-Verordnung wie geplant zwischen Mitte 1994 und Anfang 1995 in Kraft tritt. Durch diese Verordnung soll die Verwertung von anfallendem Elektronikschrott (der Computerschrott ist nur ein Teil des Ganzen; zum Elektronikschrott zählen zum Beispiel auch Kühlschränke, CD-Player oder Bohrmaschinen, also alldie Elektro- und Elektronikgeräte, die mit 1,3 Millionen Tonnen Schrott pro Jahr entsorgt werden müssen und dabei unsere Umwelt belasten) geregelt werden.

Nicht allein aufgrund der Tatsache, daß Computerschrott an sich recht wertvoll ist (immerhin finden sich in einer Tonne zu verschrottender Leiterplatinen der älteren Generation annähernd 1 Kilo Gold, 6 Kilo Silber, 12 Kilo des Energiefressers Aluminium und satte 20 Kilo Zinn), sondern weil man es hier mit einem sehr großen und teilweise noch recht unbekannten Gefahrenpotential zu tun hat, ist eine Kontrolle der Entsorgung des Elektronikschrotts in Form der stofflichen Verwertung von Seiten des Gesetzgebers notwendig. Voraussetzung dafür, daß ein solcher Recyclingkreislauf funktioniert, ist eine sehr hohe Rücklaufquote der Altgeräte zu den Herstellern, die dann über die Verordnung zur Rücknahme der Geräte gesetzlich verpflichtet sind. Hierfür sind entsprechende Sammelstellen einzurichten, die wahrscheinlich mit den jeweiligen Händler, wo die Geräte verkauft werden, identisch sein werden.

Darüber hinaus soll über die Verordnung auch der Stoffdurchfluß durch recyclinggerechte Konstruktion, Reparaturfreundlichkeit und die damit verbundene längere Lebensdauer der Geräte reduziert werden. Die vorläufige

Fassung der Elektronikschrott-Verordnung finden Sie im Anhang.

Allerdings wird die Verordnung in der jetzigen Form den ökologischen Anforderungen nicht gerecht. So ist der Begriff der "stofflichen Verwertung" nicht konkretisiert und erlaubt so - wie zum Beispiel auch beim Altpapier - die Verwertung des Elektronikschrotts auch in Form des beliebten Mülltourismus, also daß der bundesrepublikanische Müll einfach ins Ausland gekarrt wird. Umweltverbände bemängeln zudem, daß in der Verordnung keine Anreize für den Verbraucher geschaffen werden, daß dieser seine Altgeräte auch tatsächlich zu den Sammelstellen bringt, was unabdingbare Voraussetzung für ein funktionierendes Recyclingsystem ist. So schlägt beispielsweise der Bund für Umwelt- und Naturschutz Deutschland (BUND) vor, dies durch ein Pfand- und Prämiensystem zu regeln, was bedeuten würde, daß der Konsument beim Kauf eines Produktes - wie bei einer Pfandflasche - einen Mehrpreis zahlt, den er dann, wenn das Produkt entsorgt werden soll, wieder zurückerhält. Anderenfalls kann es passieren, daß trotz stetig steigendem Umweltbewußtsein der Anwender nicht bereit ist, sein Altgerät zu seinem Händler oder einer anderen Sammelstelle zu fahren, zumal er bei Geräten, die vor Inkrafttreten der Elektronikschrott-Verordnung verkauft wurden, die Entsorgung mit einem Betrag zwischen 50 und 90 Mark aus eigener Tasche bezuschussen muß. Doch auch die angestrebten und zweifelsohne notwendigen weiteren Ziele der Verordnung, nämlich recyclinggerechte Konstruktion, Reparaturfreundlichkeit und die längere

Lebensdauer der Geräte, kann durch nicht bindende Vorgaben an die Hersteller an der jetzigen Situation nur schwerlich etwas ändern, denn es besteht für die Hersteller nicht der geringste Anreiz, diese Kriterien zu erfüllen.

Mit dem reinen Elektronikschrott in Form von Platinen oder Rechnergehäusen ist es zudem nicht getan, denn unter die Verordnung werden mit großer Sicherheit auch Disketten und andere Zubehörteile und Verbrauchsmaterialien wie Tonerkartuschen, Farbbänder und Tintenpatronen fallen. Es gibt zur Zeit nur wenige Hersteller, die ihre Verbrauchsmaterialien zurücknehmen und wiederverwenden, indem sie diese auf Funktionalität überprüfen, auffüllen und wieder an den Kunden abgeben. So arbeitet zum Beispiel der Druckerhersteller Star Micronics zur Zeit an einem Recyclingkonzept, um seinen Kunden die Möglichkeit zu geben, die Farbbänder, Tonerkartuschen und Tintenpatronen an Star einzusenden. Star arbeitet die Farbträger entsprechend auf und verkauft diese dann zu einem attraktiven Preis als Recyclingware in den Läden. Ähnliches planen für Tonerkartuschen auch die beiden Hardware-Discounter Escom und Vobis, die mit einer *Eurolaser Toner Cartridge* dem Kunden eine Alternative anbieten wollen. In der Regel ist es jedoch preisgünstiger und auch sinnvoller, seine Farbträger bei einem Refiller vor Ort aufarbeiten zu lassen.

Besonders die Hardwarehersteller sehen sich mit der Elektronikschrott-Verordnung in die Enge getrieben, denn nur wenige, meist für den gewerblichen Bedarf produzierende Hersteller (zum Beispiel IBM, ICL oder Siemens-Nixdorf) verfügen bereits über ein Rücknahmesystem für ihre Kunden und entsprechende Erfahrungen im Recyclingbereich. Die Frage über die Kosten, also wie und von wem das Rücknahmesystem finanziert werden soll, ist dagegen relativ einfach zu beantworten, denn der Kunde wird die Entsorgung seines Gerätes über den Kaufpreis mit bezahlen. Es bliebe also bei einem System, das dem "Grünen Punkt" entspräche.

2. Probleme und Lösungsansätze bei Software

Im Jahre 1992 wurden allein an Standardsoftware (Textverarbeitung, integrierte Programme, Tabellenkalkulation, DTP, Datenbanken, Graphik und Projektmanagement) satte 2.300.000 Softwarepakete abgesetzt, wobei nun vor allem die Privathaushalte in immer größerem Umfang bedient werden. Da sich ein Softwarepaket nur aus den beiden Komponenten Handbuch und Diskette zusammensetzt, möchte man zwar meinen, daß es der Umwelt eigentlich nicht viel Schaden zufügen könne. Daß dem nicht so ist, wollen wir in diesem Kapitel zeigen.

2.1 Handbuch

Das Handbuch ist bei der Komplexität und der Ausgereiftheit der heutigen Programme das A und O der Bedienung. Leider zählt bei vielen Unternehmen immer noch die Dicke des Handbuches oder die Anzahl der beigelegten Handbücher als Qualitätsmaß und nicht etwa der Inhalt, denn Handbücher haben seit jeher einen schlechten Ruf. Dieser setzt sich auch fort, wenn es um die ökologische Seite des Handbuches geht, denn obwohl es sich beim Handbuch zu einer Software um ein kurzlebiges Produkt handelt (durchschnittlich alle 9 bis 12 Monate kommt ein Voll-Update!) und sich der Einsatz von Recyclingpapier anbieten würde, wird weiterhin auf Neupapier gedruckt.

... Rohstoff Papier

Das für die Handbücher benötigte Papier besteht immer mehr aus chlorfrei-gebleichtem Zellstoff, aber es handelt sich hierbei um *neuen* Zellstoff. Eine ausführliche Diskussion über die Papierherstellung und die ökologischen Folgen finden Sie in Kapitel 3.1.

... Druck

Die Druckindustrie hat sich in den letzten zwei Jahren in Sachen ökologischer Verantwortung gewandelt. Nicht nur, daß die Schwermetalle aus den Druckfarben weitestgehend verschwunden sind und so ein De-Inking erleichtern, man bemüht sich auch, für viele der chemischen Problemstoffe in Druckereien ökologisch sinnvolle Alternativen zu finden, wie beispielsweise Lösungs- und Reinigungsmittel für die Druckwalzen auf Naturölbasis. Da die meisten Handbücher jedoch im Ausland hergestellt werden, wo die deutschen Umweltbestimmungen natürlich nicht greifen, muß diese Aussage relativiert werden. Eine ausführliche Abhandlung des Bereiches Druckerei würde den Rahmen dieses Buches sprengen, denn allein die chemischen Stoffe in der Druckerei füllen ein Buch von mehreren Zentimetern Dicke. Im Vergleich zur Fasergewinnung ist der Druckvorgang nichtsdestotrotz immer noch der sauberste Vorgang an der ganzen Handbuchproduktion.

... Verpackung

Leider läßt immer noch ein beträchtlicher Teil der Softwarefirmen die Handbücher in Kunststoffolie einschweißen. Da sich die Handbücher ohnehin in der Verpackung des Gesamtsoftwarepaketes befinden, ist diese zusätzliche Verpackung total überflüssig. Die Folie besteht in der Regel aus PE oder PP. Kriterien gegen Kunststoff(folien) finden Sie in Kapitel 1.2.

2.2 Disketten

Die Disketten sind neben dem Handbuch das zweite eigentliche Komponent eines Softwarepaketes. Es gibt sie in den beiden Formaten 5.25" und 3.5" mit unterschiedlichen Kapazitäten. Viele Hersteller gehen inzwischen dazu über, nur noch HD-Disketten im jeweiligen vom Kunden gewünschten Diskettenformat zu liefern. Hierdurch können gegenüber der herkömmlichen 2DD-Disketten bis zu 50% der benötigten Disketten eingespart werden. Kriterien für umweltfreundlichere Software finden Sie in Kapitel 4.2.

... Herstellung

Die Herstellung von Disketten ist ein zweigeteilter Vorgang, in dem zum einen der magnetische Datenträger selbst, zum anderen das Gehäuse der Diskette hergestellt werden muß.

Zuerst zur Herstellung des magnetischen Datenträgers. Hierfür wird zunächst der Rohstoff Polyäthylenterephthalat (kurz PET) in Rollenform angeliefert. Die durchschnittliche Dicke dieses Materials liegt bei etwa 0,075 mm. Dieses Rohmaterial wird nun auf beiden Seiten mit Eisenoxid und Bindemitteln beschichtet. Die Dicke dieser Beschichtung liegt bei DS/DD-Disketten im Bereich von 2m, bei HD-Disketten bei etwa 0,88 m. Anschließend wird die Rolle mit dem beschichteten Rohmaterial auf Diskettenbreite zugeschnitten und danach werden die Diskettenscheiben ausgestanzt. Die nun kreisförmigen Diskettenscheiben werden anschließend geglättet und mit einem rostfreiem und magnetisierten Mittelstück versehen. Die Scheibe selbst ist nun fertig.

Die Herstellung des Diskettengehäuses ist bei den Formaten 5:25 und 3.5" etwas unterschiedlich. Für die 3.5"-Diskette wird zunächst das Plastikgehäuse aus dem Kunststoff ABS hergestellt. Weitere Teile im fertigen Gehäuse sind der Schreibschutzschieber aus ABS, die Metallnabe auf der Rückseite der Diskette aus hochwertigem (HighDensity) Polyethylen (HDPE), ein synthetisches Antistatik-Vlies, der die Reibung zwischen Diskette und Gehäuse verringert und die Diskette säubert, und letztendlich der Springverschluß aus rostfreiem Stahl, der den Schreib-/Leseköpfen den Zugang zur Magnetscheibe freigibt oder verschließt. Die Herstellung des Diskettengehäuses bei einer 5.25"-Diskette (hier wird das Gehäuse im übrigen auch *Jacket* genannt) gestaltet sich wie folgt: Zunächst wird das Jacketmaterial in Rollenform angeliefert. Bei dem Material handelt es sich um PVC

(Polyvinylchlorid), das besonders bei der Verbrennung die gefährlichen und krebserregenden Dioxine und Furane emitiert. Anschließend wird das Reinigungsvlies (bei 5.25"-Disketten ebenfalls aus PVC-Material!) laminiert und auf das Jacketformat zugeschnitten. Danach werden die diversen Lochöffnungen aus dem Jacket gestanzt und bis auf die Oberseite alle Seiten des Jackets gefalzt und zugeschweißt.

Nun erfolgt das Einlegen der Magnetscheibe in das Gehäuse bzw. in das Jacket. Das Gehäuse wird zugedrückt, beim Jacket wird dagegen die obere Seite noch zugeschweißt. Nach einigen Funktionstests wird mit Laser ein Datumscode und die Kapazität der Diskette eingeschrieben. Jede einzelne Diskette wird in eine Kunststoffolie einzeln verpackt. Anschließend folgt die Verpackung in Pappkartons oder in kleine Diskettenboxen aus Kunststoff. Diskettenetiketten werden beigelegt.

Ablaufdiagramm für die Herstellung einer Diskette

Rohölgewinnung für benötigte Kunststoffe

|

Transport

|

Destillation

|

Kracken

|

Polimerisation

|

PET/HDPE usw.

|

Herstellung der Magnetscheibe

|

Herstellung des Gehäuses/Jackets

|

Zusammenführung von Scheibe und Gehäuse

|

Verpackung

|

Diskettenpackung

> *Auch wenn 5.25"-Disketten erheblich günstiger einzukaufen sind als 3.5"-Disketten, sollten Sie aus Gründen des PVC-Verzichts konsequent auf 3.5"-Disketten umsteigen.*

... Disketten aus Recycling-Kunststoff?

Zur Zeit gibt es nach Auskunft der größeren Diskettenhersteller Forschungen in Richtung Recyclingkunststoff für die Herstellung von Disketten. Grundsätzlich bestehen hiergegen jedoch starke Bedenken, ob beim Einsatz von Recyclingkunststoff der heutige Qualitätsstandard der Disketten beibehalten werden kann. 3.5"-Disketten aus anderen Materialien wie Holz oder gepreßter Pappe sind laut Herstellerangaben unter Hinweis auf den Qualitätsstandard nicht zu realisieren. Leider haben sich die Diskettenhersteller unter dem Deckmantel "sicherer Disketten" gegenseitig auf ein Qualitätsniveau hochgeschaukelt, das weit über dem notwendigen anzusiedeln ist. Entsprechende Schwierigkeiten ergeben sich natürlich dann beim Einsatz von Recyclingkunststoff für Disketten, denn die Qualität würde nachlassen - aber weiterhin ausreichen.

... Refreshed-Disketten

Bei Refreshed-Disketten handelt es sich nicht um recycelte Disketten, sondern die Disketten werden direkt wiederverwendet. Softwarepakete, die sich bei einem Programm-Update noch auf Lager befinden, werden an Entsorgerbetriebe weitergeleitet, die dann die Handbücher dem Altpapier und die Kunststoffolie dem Recycling oder der Entsorgung zuführen, die Disketten werden gelöscht und wieder verkauft. Gleiches passiert mit den Disketten, die der Anwender bei einem Update an den Hersteller zwecks Legitimierung zurücksenden muß. Nähere Informationen und Aktionen zu Refreshed-Disketten finden Sie in Kapitel 4.5 *Disketten wiederverwenden oder "refreshen"*.

Refreshed-Disketten werden zur Zeit von der Softwareindustrie nicht eingekauft, da diese den ursprünglichen Aufkleber behalten und mit einem Stempel versehen werden, der sie als Refreshed-Diskette kennzeichnet.

Um Refreshed-Disketten auch für die Softwareindustrie interessant zu machen und eine Art *Mehrwegsystem für Disketten* zu verwirklichen, muß der Anwender überklebte Labels auf den Disketten akzeptieren. Wäre dies der Fall und läßt die Softwareindustrie Refreshed-Disketten wieder in den Produktionskreislauf mit einfließen, könnte die Diskettenproduktion um einen nicht unwesentlichen Teil reduziert werden. Die Notwendigkeit des Einsatzes von Refreshed-Disketten läßt sich anhand der Absatzzahlen der Softwareindustrie sehr gut belegen: Im Jahre 1992 wurden allein in der Bundesrepublik Deutschland 2,3 Millionen Standard-Softwarepakete (also Textverarbeitungen, Datenbanken etc.) für IBM-kompatible Rechner verkauft. Rechnet man mit einer durchschnittlichen Diskettenanzahl von 6 Stück pro Softwarepaket, dann kommt man allein auf dem PC-Sektor auf annähernd 14 Millionen Disketten, die 1992 für den Verkauf von PC-Standardsoftware neu produziert werden mußten. Zur Zeit rechnet man beim Absatz von PC-Standardsoftware mit einer jährlichen Steigerungsrate von 25%.

Dazu kommen noch die Disketten für Programm-Updates, mit denen die Softwareindustrie immerhin gut 1/3 ihres Umsatzes macht. In der Regel werden die Diskettensätze bei einem Update komplett ausgetauscht. Ein Update kommt durchschnittlich alle 9 Monate, wodurch sich die benötigte Diskettenzahl noch einmal um über 1/3 erhöht. Hinzu kommen auch noch die Disketten, die für Software der übrigen Computersysteme (u.a. Apple Macintosh, Commodore Amiga/64er und Atari) und für die Software und Druckertreiber der Hardwarehersteller produziert werden. Insgesamt wird also neben dem sonstigen Diskettenverbrauch für Daten ein riesiges Potential an Disketten benötigt, die für die Software neu produziert werden müssen. Durch den konsequenten Einsatz von Refreshed-Disketten bei der Neuproduktion und bei Updates würde der Umwelt einiges an Belastung erspart. Spätestens dann, wenn Disketten über die Elektronikschrott-Verordnung von den Softwarehäusern zurückgenommen werden müssen, wird ein Rücknahmesystem angeboten werden. Je eher jedoch der Anwender von sich aus auf die Hersteller Druck ausübt, Refreshed-Disketten bei der Produktion zu verwenden, umso früher kann die Softwareindustrie ohne gesetzlichen Zwang umstellen.

... Verpackung

Disketten werden bei einem großen Teil der derzeit erhältlichen Softwarepakete immer noch in Plastikfolie eingeschweißt. Zwar handelt es sich hierbei meist um das als "umweltfreundlich" (da recycelbar) angepriesene Polyethylen (PE), aber wie wir bereits gesehen haben, läßt sich auch aus diesem Kunststoff aus den gegebenen Gründen nichts Gleichwertiges mehr herstellen und die Verpackung ist aus diesem Grund als ökologisch unsinnig einzustufen. Zudem ist die Folie nach deren Aufreißen für nichts mehr zu gebrauchen. Manche Firmen haben schon seit längerer Zeit auf Diskettentaschen umgestellt, die aus Papier oder Pappe hergestellt werden. Zwar handelt es sich hierbei immer noch um chlorfrei-gebleichtes Normalpapier, aber es ist ein Schritt in die richtige Richtung, denn der Anwender kann die Disketten nach der Installation der Software immer wieder in diese Diskettentasche zurückstecken und darin aufbewahren, ohne daß seine Diskettenbox damit überfüllt wird. Noch umweltfreundlicher macht es der Hardwarehersteller *Commodore*, der die Disketten zu seinen Rechnern lediglich mit einer Papierbanderole zusammenhält - die Lösung, die am wenigsten Verpackung verschlingt, denn auch auf der Banderole läßt sich ein Hinweis über die Software-Lizenzbestimmungen anbringen.

2.3 CD-ROM

Die *compact disk* (CD) ist aus dem Audiobereich schon des längeren bekannt und hat sich inzwischen in diesem Sektor der Unterhaltungselektronik etabliert. Nun drängt die CD als neues Massenspeichermedium auch auf den Computermarkt, wobei es zwischen der Audio- und der Computer-CD im Prinzip keinen Unterschied gibt. Um Daten von der CD in den Computer einlesen zu können, benötigt man ein sogenanntes CD-ROM-Laufwerk, das in den Rechner eingebaut wird. Dieses CD-ROM-Laufwerk unterscheidet sich im Prinzip nicht von einem normalen CD-Player, bis auf die Tatsache, daß ein Anschluß für die Verbindung zum Computer besteht. Daß sich Audio- und Computer-CD ziemlich ähnlich sind, zeigt sich auch daran, daß in einem CD-ROM-Laufwerk auch Audio-CDs abgespielt werden können.

Die CD bietet gegenüber Diskette und Festplatte eine wesentlich höhere Speicherkapazität von bis zu 630 MB. Aufgrund dieser hohen Datenkapazität verlangsamt sich die Zugriffsgeschwindigkeit des CD-ROM-Laufwerks gegenüber der Festplatte in etwa um den Faktor 5, so daß Zugriffszeiten zwischen 300 ms und 350 ms üblich sind. Im Gegensatz zu Diskette und Festplatte hat die CD-ROM jedoch einen entscheidenden Nachteil: Sie kann nur einmal (nämlich vom Hersteller) beschrieben werden, so daß der Anwender die Daten in seinen Rechner von der CD nur einzulesen vermag.

Inzwischen erhält man schon Anwenderprogramme, Spiele, Shareware, Utilities, Lexika und andere Nachschlagewerke auf CD-ROM und sogar monatliche CD-ROM-Magazine sind auf dem Vormarsch - bis vor kurzem noch Domäne der Disketten-Magazine. Ob CD-ROM wirklich den Markt in nächster Zeit erobern wird, wie diesem Medium von Herstellerseite angedichtet wird, ist angesichts der fortgeschrittenen Entwicklung bei wiederbeschreibbaren CDs jedoch mehr als fraglich.

... Herstellung

Für die Herstellung einer CD wird der Kunststoff *Polycarbonat* benötigt, der im ersten Schritt durch Erhitzen in ein flüssiges Stadium übergeht. Anschließend wird in einem Spritzgußverfahren das flüssige Polycarbonat bei über 300° unter Druck gegen eine Matrize gepreßt. Auf dieser Matrize befinden sich in Form von Erhebungen die Informationen, die auf die CD übertragen werden sollen. Sie wird daher auch als Master-CD bezeichnet. Eine solche Matrize besteht aus reinem Nickel und hält den hohen Verarbeitungstemperaturen und dem hohen Verschleiß bei der Herstellung recht lange stand, so daß sie für die Herstellung mehrerer Zehntausend CDs verwendet werden kann. Eine für die Herstellung nicht mehr zu gebrauchende Matrize läßt sich weitestgehend für andere Produkte aus Nickel wiederverwerten. Allerdings entsteht bei der Arbeit mit Nickel eine Schlacke, die derzeit noch auf Sondermülldeponien eingelagert werden muß, da es noch kein rentables Aufarbeitungsverfahren gibt.

Nach der Herstellung des eigentlichen Informationsträgers muß die CD zunächst erkalten. Sie ist zu diesem Zeit punkt noch durchsichtig. Da der Laser im CD-ROM-Laufwerk die Informationen auf der CD durch Reflexion abtastet, wird die CD einseitig sehr dünn mit Aluminium bedampft und anschließend mit einem UV-härtenden Schutzlack überzogen. Die unter UV-Bestrahlung erhärtenden Lacke haben den Vorteil, daß keine Lösungsmittel mehr verwendet werden müssen. Falls vom Auftraggeber erwünscht, wird schließlich noch in einem letzten Arbeitsschritt per Siebdruckverfahren ebenfalls mit UV-härtenden Farben ein Label auf die CD gedruckt. Wie in der Erdatmosphäre durch Sonneneinstrahlung, so entsteht auch bei der Arbeit mit UV-Strahlen geringfügig Ozon, das aber meßtechnisch nicht zu erfassen ist.

Ablaufdiagramm für die Herstellung einer CD-ROM

Rohölgewinnung für benötigte Kunststoffe
|
Transport
|
Destillation
|
Kracken
|
Polimerisation
|
Polycarbonat
|
Verflüssigung durch Erhitzung
|
Spritzguß auf Matrize
|
Erkalten
|
Bedampfung mit Aluminium
|
Schutzlack
|
Siebdruck
|
CD-ROM

... CD-ROM aus Recyclingmaterialien?

Der für die Herstellung von CDs benötigte Kunststoff Polycarbonat muß in einer einwandfreien und höchsten Ansprüchen genügenden Qualität vorliegen. Aus diesem Grund ist eine Verwendung von Recyclingmaterial selbst bei sortenreiner Sammlung ausgeschlossen. Allerdings lassen sich Produktionsabfälle, wie beispielsweise noch nicht mit Aluminium bedampfte CDs, zu anderen Produkten weiterverwenden, die ebenfalls zu dem Endprodukt CD gehören. So betreibt die Firma Sony in Österreich eine Art internes Recycling mit Polycarbonat, in dem Produktionsabfälle und -ausschüsse für die Herstellung der Plastikbox oder der sogenannten Dreher (also der schwarzen Einlegeplatte, auf der die CD sitzt) verwendet werden. Selbst bedampfte CDs können in geringen Anteilen hierfür zugemischt werden.

Es gibt zur Zeit noch kein serienreifes Verfahren, um die aufgedampfte Aluminiumschicht von der CD wieder herunterzubekommen, was die Recyclingmöglichkeiten erheblich verschlechtert. Die Firma Bayer versucht sich zur Zeit an einer solchen, auch ökonomisch akzeptablen Lösung. Bis dahin können bedampfte CDs nur in geringen Anteilen für die Herstellung von Produkten eingesetzt werden, die minderwertigen Kunststoff wiederverwerten, also beispielsweise für Parkbänke, Stoßdämpfer oder Schallschutzwände.

... Refreshed CD-ROM ?

Die Frage nach der Möglichkeit, ob sich CDs wie Disketten refreshen lassen, läßt sich anhand des weiter oben geschilderten Herstellungsverfahrens ganz klar mit einem Nein beantworten. Da die Informationen nur während der Herstellung auf die CD übertragen werden können, ist ein Refreshen der CDs leider nicht möglich. Anders sieht dies natürlich bei den wiederbeschreibbaren CDs aus, die aber zur Zeit nur zu immens hohen Anschaffungskosten erschwinglich sind und daher einen derzeit so gut wie verschwindend geringen Marktanteil besitzen. Werden diese Systeme jedoch erst einmal als Massenprodukt auf den Markt geworfen, genauso wie jetzt die CD-ROM, so ist natürlich eine Wiederverwendung in Form von Refreshed-CDs anzustreben.

... Verpackung

Je nach Art der Software gibt es unterschiedliche Verpakkungen für CD-ROM´s. Die aus dem Audiobereich her bekannte Plastikbox, die ebenfalls aus Polycarbonat hergestellt wird, stellt die am längsten haltbare Verpackung dar und wird in der Regel bei professionellen Nachschlagewerken oder kommerziellen Softwarepaketen verwendet, ist aber aufgrund der immer noch ungenügenden Recyclingmöglichkeiten von Kunststoffen ökologisch nicht sinnvoll. Dazu kommt noch die PE-Folie, mit der die CD-ROM in der Regel noch eingeschweißt ist. Dagegen wird bei CD-ROM-Magazinen meist nur ein Dreher und eine Plastikfolie für die Verpackung eingesetzt - für den Hersteller sehr bequem aber ebenso nur ungenügend zu recyceln. Ökologisch am sinnvollsten erscheint daher eine CD-Tasche aus Recyclingpappe, wie sie bereits auch bei Disketten Verwendung findet. Sie bietet für die CD ausreichend Schutz und besitzt eine gute Haltbarkeit.

Die CD-ROM ist nur ein Zwischenstadium hin zu der wiederbeschreibbaren CD. Die CD-ROM bietet sich aufgrund der sehr hohen Speicherkapazität für professionelle Einsätze an und ersetzt eine Vielzahl von Disketten, die anstelle der CD geliefert werden müßten. Andererseits läßt sich eine CD nur einmal beschreiben, was besonders bei Updates ein großes Problem darstellt, denn die CD wird damit wertlos und muß weggeworfen werden. Da ein Recycling für bedampfte CDs nur sehr beschränkt möglich und ein Verfahren für die Trennung von Aluminium und Polycarbonat über das Teststadium noch nicht hinausgekommen ist, verfügt die jetzige, nur einmal beschreibbare CD über eine **negative** Bilanz, denn selbst wenn diese Recyclingmöglichkeiten gegeben wären, bliebe CD-ROM ein Einwegprodukt. Dagegen kann die wiederbeschreibbare CD, die in wenigen Jahren zum Standard bei jedem Anwender gehören wird, eine ökologisch sinnvollere Alternative zu den Disketten und Festplatten sein.

2.4 Verpackung & Versand

Die Verpackung und der Versand der Software vom Hersteller zum Groß- oder Einzelhändler oder vom Direktversender zum Anwender ist ein heikles Thema, denn es gibt hierbei aus ökologischer Sicht viel falsch zu machen, wenn billigen aber umweltbelastenden Lösungen der Vorzug gegeben wird. In den nachfolgenden Ausführungen ist daher auch zu beachten, daß hier nur der Weg vom Hersteller zum Groß-/Einzelhändler bzw. zum Endanwender beschrieben wird. Selbstverständlich spielt bei jeder Art von Verpackung auch ihre Herstellung selbst eine Rolle. Das Holz, das zum Beispiel für die Herstellung der Pappe benötigt wird, die der Direktversender für den Versand zum Anwender benutzt, wird beispielsweise in Kanada geschlagen, in die Zellstoffabrik transportiert, in die Bundesrepublik importiert, vom Verpackungshersteller zum Verpackungsgroßhändler gekarrt und von dort erst gelangt es über den Hersteller zum Direktversender. Auch diese Transportenergie muß in einer Ökobilanz berücksichtigt werden, und zwar bei allen nachfolgend aufgeführten Versandverpackungen und Transportwegen. Erst auf den zweiten Blick entsteht so ein äußerst komplexes Gebilde einer Ökobilanz, die jeder Anwender für sich selbst und für jeden beabsichtigten Kauf aufstellen sollte. Erst dann kann er entscheiden, ob er den Kauf eines Produktes für verantwortbar hält.

... Um- und Versandverpackung

Bei der Beurteilung der Um- und Versandverpackung muß unterschieden werden zwischen

- dem Versand von Softwarehersteller zum Groß- oder Einzelhändler und

- dem Versand von Direktversender zum Endanwender

Bei ersterem haben die einzelnen Komponenten eines Softwarepaketes schon mehrere Versandwege hinter sich. So lassen beispielsweise die meisten Softwarehersteller ihre Handbücher in Dublin/Irland drucken, die Disketten werden meist auch im Ausland hergestellt und dupliziert, so daß die einzelnen Komponenten schon vor dem eigentlichen Versand zum Groß-/Einzelhändler zum Teil recht viel an Verpackungsmaterial verschlingen, das angefangen von billigen Styro-Chips über Kunststoffolien zum Einschweißen bis hin zu Wellpappe für die Versandkartonagen reicht. Für den Versand vom Hersteller zum Großhändler werden die einzelnen Softwarepakete noch einmal in Paletten gebündelt. Diese Paletten können durch Kunststoffolie zusammengehalten werden, oder aus wiederverwendbaren Holzkästen (sogenannten *Europaletten*) bestehen. Letztere schneiden in der Ökobilanz selbstverständlich besser ab.

Beim Versand vom Direktversender zum Endanwender ist zu beachten, daß vor dem Versenden des Produktes an den Anwender die Software bereits all die Versandwege und Verpackungen hinter sich hat, die weiter oben bereits beschrieben wurden. Beim Direktversender kommt nun also noch zusätzlich die Einzelverpackung für den Versand an den Anwender hinzu, was neben dem Versandkarton noch Styro-Chips zur Auspolsterung und die typische Plastiktasche am Paket mit der Nachnahmerechnung umfaßt. In der Ökobilanz schneidet daher der Direktversender aufgrund dieser zusätzlichen Belastungen schlechter ab, weswegen der Kauf direkt beim Einzelhändler vor Ort empfehlenswerter, wenn auch in der Regel teurer ist.

... Folienverpackung

Das Softwarepaket selbst wird überwiegend immer noch zwecks Qualitätssicherung in Folie eingeschweißt. Diese Folie besteht aus den Kunststoffen PE oder PP, die zwar recycelfähig aber - wie bei allen Kunststoffen - als recyceltes Material nur minderwertig sind, daher von der Industrie nicht nachgefragt werden und aus diesem Grund vermieden werden sollten. Softwarefirmen wie *Microsoft* oder *Systhema* verzichten bereits seit einiger Zeit bei der vollständigen Produktpalette auf das Einschweißen ihrer Produkte und stellen die Unversehrtheit der Software durch die Anbringung eines PVC-freien Aufklebers (eines Labels) sicher.

... Transport

Man muß bei der Beurteilung der eingesetzten Transportenergie unterscheiden zwischen

- dem Versand von Softwarehersteller zum Groß- oder Einzelhändler und
- dem Versand von Direktversender zum Endanwender

Die Transportenergie vom Hersteller zum Groß-/Einzelhändler hängt vom Transportmittel für den Versand ab.

Am ökologisch belastendsten ist die Spedition über LKW, was aber aufgrund der einfacheren und billigeren Logistik von den Softwareherstellern am meisten in Anspruch genommen wird. Bei kleineren Mengen wird über die etablierten Paketdienste UPS, TNT German Parcel usw. versendet, die in Zukunft versuchen wollen, bei längeren Strecken stärker auf die Bahn umzusteigen.

Beim Versand vom Direktversender zum Endanwender ist genauso wie beim Versand an Groß- und Einzelhandel zu beachten, daß vor dem letzten Versenden des Produktes die Software bereits all die Versandwege hinter sich hat, die weiter oben bereits beschrieben wurden. Beim Direktversender kommt nun also noch zusätzlich der Versand zum Anwender hinzu, wobei dieser in der Regel auch über Post oder Paketdienste abgewickelt wird.

Kaufen Sie Ihre Software beim Einzelhändler in Ihrer Nähe. Auf diese Weise reduzieren Sie die benötigten Transportenergien und Versandmaterialien und schonen die Ressourcen.

2.5 Beseitigung der Software-Kompenten

Die Beseitigung oder Entsorgung der einzelnen Software-Komponenten ist wie auch bei der Hardware ein eigenständiges Kriterium, wie umweltfreundlich ein Produkt letztendlich ist. Die zu beseitigenden Komponenten bei

Software sind das Handbuch, die Disketten bzw. CD-ROM und die Verpackung.

... Handbuch

Das Handbuch ist an sich die einfachste zu beseitigende Komponente der Software. Das Handbuch besteht (bis auf ein Lesezeichen aus Stoff, das aber das Recycling nicht weiter stört) vollständig aus Papier und kann so ganz einfach dem Altpapierrecycling zugeführt werden

.

Werfen Sie veraltete Handbücher nicht in den normalen Hausmüll, sondern in die Wertstofftonne für Altpapier.

...Disketten/CD-ROM

Bei den Disketten oder der CD-ROM stellt sich das Ganze etwas differenzierter dar. Noch funktionstüchtige Disketten lassen sich bei einem Update an den Hersteller komplett zurücksenden, so daß dieser die Disketten für Updates einsetzen kann oder an seinen Entsorger weiterleitet und die Disketten als *Refreshed*-Disketten wieder verkauft werden können. Oder Sie verwenden die Disketten selbst weiter, was jedoch angesichts der Diskettenflut heutzutage recht selten der Fall ist.

Die Entsorgung der Disketten bei den Softwareherstellern selbst sieht leider etwas anders aus. Disketten, die sich zum Zeitpunkt eines Programm-Updates noch an Lager befinden, werden vom Großteil der Softwarefirmen immer noch zerschreddert. Aufgrund der Magnetscheibe im Inneren der Diskette läßt sich aber die geschredderte Diskette nicht in den Recyclingkreislauf für Kunststoffe einführen, so daß diese zusammen mit unserem restlichen Zivilisationsmüll in der Müllverbrennungsanlage landen und zum Teil hochgiftige Stoffe freisetzen. Daß es über die *Refreshed*-Disketten auch anders geht, zeigt das Kapitel 4.5 *... Disketten wiederverwenden oder "refreshen"*. Auch wenn im Zuge der Elektronikschrott-Verordnung Disketten vom Hersteller zurückgenommen und das Material recycelt werden muß, wird es zumindest in naher Zukunft keine Disketten aus recyceltem Kunststoff geben, denn die Diskettenindustrie hat sich durch Konkurrenzkampf gegenseitig zu einem Qualitätsniveau hochgeschaukelt, das wir erstens gar nicht benötigen und das zweitens den Einsatz von Recyclingkunststoff bei der Diskettenproduktion verhindert.

Die CD-ROM ist dagegen ein typisches Einwegprodukt und läßt sich nicht wie eine Refreshed-Diskette wiederverwenden. Wegen des aufgedampften Aluminiums kann das geschredderte Material auch nur in sehr geringen Mengen neuen Kunststoffprodukten beigemischt werden. Es wird aber an einem Verfahren gearbeitet, wie das Aluminium von der CD wieder zu trennen ist, so daß dann der Kunststoff wieder komplett recycelt werden kann. Ob dabei auch das Aluminium dem Recyclingkreislauf zugeführt werden kann, ist noch ungeklärt.

> *Werfen Sie Ihre überflüssigen und funktionstüchtigen Disketten nicht in den Müll, sondern schicken Sie sie an Ihren Softwarehersteller zurück, damit dieser die Disketten für Updates oder als Refreshed-Disketten wiederverwenden kann. Alte CD-ROMs sollten Sie aufheben, bis ein entsprechendes Recyclingverfahren ausgereift und die einzelnen Stoffe in der CD recycelt werden können.*

... Verpackung

Die Verpackung unterteilt sich in der Regel in zwei verschiedene Stoffe: Die Kunststoffolie, mit der das gesamte Softwarepaket, die Disketten und das Handbuch eingeschweißt sind, und den Pappkarton, der meist die einzelnen Softwarekomponenten umgibt. Schuber sind selten, aber bestehen auch meist aus Pappe und in ganz seltenen Fällen aus Kunststoff.

Die Schweißfolie besteht in den meisten Fällen aus den Kunststoffen PE (Polyethylen) oder PP (Polypropylen), die sortenrein gesammelt "recyclingfähig" sind. *Recyclingfähig* ist hierbei ein positiv anmutendes Schlagwort von Seiten der kunststoffproduzierenden und der kunststoffverarbeitenden Industrie und sagt lediglich etwas über die Recyclingmöglichkeit, aber nicht über die Qualität des Recyclings aus. Recycelter Kunststoff ist aufgrund der derzeit bei weitem nicht sortenrein zu erfassenden Kunststoffabfälle immer ein minderwertiger Kunststoff, aus dem sich in 99,9% aller Fälle das gleiche Produkt, aus dem er eigentlich stammt, nicht mehr herstellen läßt, weil die Qualität zu minderwertig oder die Farbe des recycelten Kunststoffs nicht verwertbar ist. Einzige Einsatzmöglichkeiten für Recyclingkunststoff sind derzeit - wie bereits bei der Hardware gezeigt - Parkbänke, Schallschutzwände, Gartengegenstände oder Stoßdämpfer. Allesamt Produkte, denen wir bereits in unserer nahen Zukunft ziemlich oft begegnen werden, denn die Unmengen an Kunststoffen, die wir weiterhin bedenkenlos einsetzen und konsumieren, eignen sich für keine anderen Anwendungen, bei denen hochwertiger, neuer Kunststoff benötigt wird. Im Gegensatz zu Papier, das auch dann, wenn es aufgrund zu kurzer Fasern nicht mehr recycelt werden kann, durch vollständige Verrottung natürlich entsorgt werden kann, muß nicht mehr recycelbarer Kunststoff verbrannt werden - mit all seinen giftigen Nachteilen.

Im Gegensatz zu den Kunststoffolien und - schubern läßt sich die Verpackung aus Pappe problemlos dem *Altpapier* zuführen, wie dies auch beim Handbuch bereits beschrieben wurde. Auch wenn sich Papier relativ problemlos recyceln läßt, so sollte damit nicht so verschwenderisch umgegangen werden, wie wir es tun, denn sowohl bei der Gewinnung des Rohstoffs als auch bei der Herstellung wird die Umwelt enorm belastet. Je weniger Verpackung wir benötigen, umso weniger Schadstoffe gelangen in die Umwelt und in unseren Körper.

> *Verzichten Sie beim Einkauf von EDV-Artikeln und auch in allen anderen Lebensbereichen auf jeglichen Kunststoff, sowohl bei der Verpackung als auch beim Produkt selbst. Es gibt immer eine natürliche Verpackungs- oder Produktalternative.*

... Entsorgungsmöglichkeiten und -probleme des "Grünen Punktes"

Die Mogelpackung der Industrie, wie der Grüne Punkt nicht zu Unrecht von Umweltschutz- und Verbraucherschutzorganisationen genannt wird, findet sich auch auf vielen Produkten im EDV-Bereich wieder, wie zum Beispiel auf den Folien der eingeschweißten Fachbücher und Softwareprodukte. Zwar muß der Grüne Punkt bis 1995 60% der Kunststoffe recyceln, aber angesichts der momentanen Situation und der bereits aufgezeigten Gründe ist es mehr als unwahrscheinlich, daß durch recycelten Kunststoff sinnvolle Produkte entstehen. Der Grüne Punkt stellt Sammelsysteme zur Verfügung, aber es handelt sich hierbei um alles andere als um ein geeignetes Sammelsystem für Kunststoffe, zumal ein sortenreiner Stoff bei dieser Art des Einsammelns nicht gewährleistet ist, denn die verschiedenen Kunststoffe können von den manuellen Sortieren am Fließband nicht unterschieden werden. Es wird zwar an unsichtbaren Kennzeichnungen und automatisierten Abscheidungsmethoden gearbeitet, aber auch bei einer sortenreinen Sammlung spielen die verschiedenen

Rezepturen der einzelnen Kunststoffhersteller eine große Rolle, so daß ein Kunststoffrecycling ohne Qualitätsverlust derzeit eine rein utopische Vorstellung bleibt.

Allerdings kann der Grüne Punkt unter Umständen auch im EDV-Bereich zu einer Reduzierung des Kunststoffverbrauchs beitragen, denn in letzter Zeit wurden aufgrund der erheblichen Probleme beim Kunststoffrecycling die Entsorgungsgebühren des Dualen Systems drastisch erhöht. So sollen die Lizenznehmer ab 1. Oktober 1993 für 1 kg Kunststoff 2,61 DM an Entsorgungsgebühren zahlen. Da aufgrund des anhaltenden weltweiten konjunkturellen Abschwungs jeder Pfennig in den Unternehmen zählt, kann diese Gebührenerhöhung möglicherweise dazu führen, daß auf unnötige Kunststoffverpackungen zukünftig verzichtet wird. Ob sich diese Hoffnung bewahrheitet, wird sich zeigen und wäre dann - bei allen seinen überwiegenden Nachteilen - eine echte positive Seite des Grünen Punktes.

3. Fachliteratur

Neben den Verpackungen und den Handbüchern zur Software wird das Gros an Papier im EDV-Bereich für die Fachliteratur in Form von Fachzeitschriften und Computerbüchern verwendet. Sie tragen durch hohe Auflagen und zahlreiche gleichartige Bücher und Zeitschriften zu dem exzessiven Papieraufkommen bei und verwenden darüber hinaus kein Altpapier. Betrachtet man sich die sterbenden Urwälder in den Tropen, die eine Ausrottung der biologischen Artenvielfalt nach sich zieht (oder die toten Flüsse, in die die Produktionsabfälle der riesigen ausländischen Papierfabriken bei der Herstellung des Papierrohstoffs geleitet werden) und überlegt einmal ganz objektiv, ob sich dieser unberechtigte und von der Gedankenlosigkeit der Industrie und des Lesers verantwortete Raubbau an der Natur nur deswegen lohnt, damit man bestens über jedes notwendige Maß hinaus informiert ist, so müßte jeder verantwortungsbewußte Mensch sofort einen Schritt gegen diese zukunftslose Entwicklung unternehmen.

3.1 Die globale Papierproblematik (anhand der geplanten Altpapierverordnung)

Die Bundesrepublik Deutschland liegt mit einem jährlichen Verbrauch von über 15 Mio t an Papier, Pappe und

Karton und einem jährlichen Prokopf-Verbrauch von annähernd 240 kg weltweit hinter den USA und Japan an dritter Stelle (weltweiter Verbrauch 1990: 236 Mio t). Der dafür vorrangig benötigte Zellstoff wird jedoch nur in einer Größenordnung von 900 000 t in der Bundesrepublik selbst hergestellt, dagegen werden annähernd 4 Mio t Papierzellstoff zu großen Teilen aus Schweden, Kanada, Finnland, USA und Portugal importiert, was Deutschland zum weltweit zweitgrößten Zellstoffimporteur macht. Mit einer Inlandsherstellung von insgesamt 12,8 Mio t Papier, Karton und Pappe ist Deutschland das mit Abstand größte Erzeugerland in Europa und rangiert weltweit hinter den USA, Japan, Kanada und China an fünfter Stelle. Importe von Papier, Karton und Pappe kommen größtenteils aus Schweden, Finnland und aus der EG. Durch den immensen Verbrauch von Papier fallen jedoch auch Unmengen an Altpapier an, die zur Zeit mit ca. 48% bei der Papierherstellung wiederverwertet werden, wenn auch zum Teil durch Export in andere Länder. Die Einsatzquote des Altpapiers unterscheidet sich auch von Papierart zu Papierart. So wird der Zeitungssektor mit über 70%, der Bereich Druckpapiere (zu dem auch Handbücher, Fachbücher und Zeitschriften gehören) dagegen nur mit unter 20% Altpapier bedient.

Für den 1. Juli 1993 hat der Bundesminister für Umwelt, Naturschutz und Reaktorsicherheit eine *Verordnung über die Vermeidung und Verwertung von Abfällen aus Druckerzeugnissen sowie aus Büro- und Administrationspapieren* (kurz: Altpapierverordnung) vorgesehen. Durch diese Verordnung, die zur Zeit in Form eines Arbeitspapiers vom 18. September 1992 vorliegt, soll das Aufkommen an grafischen Papierabfällen reduziert und die Altpapiereinsatzmöglichkeiten im Rahmen der Neupapiererzeugung weiter ausgeschöpft und entwickelt werden. Dies ist unbedingt notwendig, denn von den im Jahre 1991 in der Bundesrepublik Deutschland verbrauchten 7,8 Mio t grafischen Papiers (zum Vergleich: 1 kg Papier entspricht etwa 200 DIN A4-Seiten) floß nur rund die Hälfte als Altpapier zurück, die andere Hälfte wurde als Müll entsorgt. Im Jahre 1990 mußten noch sage und schreibe 5,2 Mio t Altpapier als Abfall entsorgt werden, wobei die grafischen Papiere (wozu auch Handbücher, Fachliteratur und Zeitschriften aus dem EDV-Bereich gehören) mit 47%, die Verpackungsaltpapiere mit 41% ihren Anteil hatten.

Die Verordnung hat sich daher zum Ziel gesetzt, den Papierabfall durch eine höhere Recyclingquote zu reduzieren. Hierfür müssen all jene, die grafische Papiere herstellen oder in Auftrag geben, diese nach dem 1. Juli 1993 unentgeltlich zurücknehmen und verwerten. Damit die stetig wachsenden Altpapierberge schrumpfen, ist ab Mitte 1993 eine Altpapier-Wiederverwertungsquote in Höhe von 52%, ab 1995 von 55% und ab 1997 von 60% vorgesehen. Besonders der Zeitschriften- und Buchbereich soll durch diese Verordnung zum vermehrten Einsatz von Altpapier herangeführt werden. Durch die verstärkte Wiederverwertung von Altpapier bei der Papierherstellung werden auch die Ressourcen geschont. Nach Angaben von *Greenpeace* betrug der Holzverbrauch für das in Deutschland 1991 verbrauchte Papier ca. 35 Mio Kubikmeter, wobei rund 80% davon für grafische Papiere verwendet wurden. Eine Zahl, die die Notwendigkeit der Altpapierverordnung unterstreicht.

Konsequentes Recycling von Altpapier ist jedoch nur der erste Schritt in eine ökologisch vertretbare Papierwirtschaft. Der zweite Schritt muß eine konsequente Reduzierung des Papierverbrauchs sein. Stagnierte dieser, dann würde sich das Papierabfallaufkommen nach der dritten Stufe der Altpapierverordnung im Jahre 1997 zwar um 20% reduzieren, einer Prognose des *Instituts für Papierfabrikation* zur Folge wird im Jahre 2000 gegenüber 1991 jedoch 40% mehr Papier verbraucht werden, was die Reduzierung durch die Altpapierverordnung wieder überholt - zumal eine Prognose über den Nachholbedarf an Papierverbrauch in den neuen Bundesländern noch nicht besteht. Allein von 1990 auf 1991 stieg der Papierverbrauch bei Druck- und Pressepapieren um 6%. Zu Recht kritisieren daher die Umweltschutzverbände wie *Greenpeace* oder der *Bund für Umwelt und Naturschutz Deutschland* (BUND) an der Altpapierverordnung, daß sie in keinster Weise zur langfristigen direkten Reduzierung des Papierverbrauchs beiträgt, da der Gedanke der Abfallvermeidung in der Verordnung selbst nicht berücksichtigt wird.

Es gibt noch ein weiteres Problem, das durch die Altpapierverordnung nicht aufgefangen wird. Dadurch, daß in der Verordnung nicht festgelegt ist, daß die Verwertung des eingesammelten Altpapiers auch in der Bundesrepublik Deutschland durchgeführt werden muß, kann das Altpapier zur Erfüllung der dann gesetzlich vorgeschriebenen Verwertungsquoten weiterhin ins Ausland exportiert werden, was dort wiederum den Aufbau eines eigenes Recyclingsystems für Altpapier erschwert. Von 1990 auf 1991 stiegt der Altpapierexport um 30%, 1992 wurden über 2 Mio t Altpapier vorrangig nach Osteuropa und nach Übersee gekarrt. Der Anteil von Neupapier in Deutschland wird dadurch nicht reduziert und es verschwinden weiterhin Wälder, Tiere und Völker, die durch Abholzung in der Taiga oder den Tropen ihren Lebensraum verlieren und deren Umwelt durch das Abscheiden der Fasern aus dem Holz vergiftet wird. Durch eine von *Greenpeace* geforderte höhere Wiederverwertungsquote (1993 und 1994: 53%, 1995 und 1996: 58%, 1997 bis 1999: 65%, ab dem Jahr 2000: 70%) und eine Öko-Abgabe des nach Deutschland für Neupapier importierten Holzes nach Entfernung zum Ursprungsland und nach Menge ließe sich die Reduzierung des Papieraufkommens auch über den Papierkonsumenten regeln, denn Öko-Abgaben werden über den Preis direkt an den Kunden weitergegeben. Papier darf nicht mehr nur so teuer sein, daß die Herstellungskosten gedeckt und ein Gewinn garantiert, sondern daß die ohnehin nur schwer abzuschätzenden ökologischen Faktoren berücksichtigt werden.

Intensive Nachforschungen seriöser Umweltverbände und Institute haben ergeben, daß die Zerstörung der Urwälder im nördlichen Waldgürtel von Ländern wie Rußland, Kanada oder Alaska und in den Tropen bei Brasilien, Zaire oder Indonesien zum überwiegenden Teil der industriellen und kapitalistischen Holzwirtschaft zuzuschreiben ist. Weniger als 5% der schwedischen Wälder sind noch in ihrem ursprünglichen Zustand erhalten. Seinen ökologischen Wert und die biologische Vielfalt verliert der Wald dabei durch die Verinselung einzelner Flächen, das heißt durch die Erschließung von einzelnen Gebieten und deren Abkopplung und Isolierung. Sogenannte Baumfarmen, auf denen man Bäume in einer rasch wachsenden Monokultur züchtet, werden in großem Stil angelegt und sollen das über Jahrhunderte entstandene Ökosystem Wald ersetzen. Je mehr Flächen mit dieser Art des unnatürlichen Wachstums bepflanzt und nach kurzer Zeit wieder geschlagen werden, umso mehr biologische Vielfalt geht verloren und desto ökologisch wertloser wird der Wald, denn viele Lebensarten brauchen für ihr Überleben nicht nur intakte, sondern auch alte und abgestorbene Bäume, die es in einem künstlich aufgeforsteten Wald nicht mehr gibt. Es ist daher zu fordern, weniger Holz industriell zu produzieren, damit mehr zusammenhängende Waldflächen erhalten bleiben, die dann nicht herangezüchtet werden müssen, sondern sich natürlich verjüngen, ohne daß die biologische Vielfalt beeinträchtigt wird.

Wir bereits gesagt, verbrauchten die Deutschen im Jahre 1991 ca. 38 Mio Kubikmeter Holz für die Papierproduktion. Davon stammen aber nur 15% aus deutschen Wäldern, der Rest wurde in Form von Zellstoff oder Papier aus dem Ausland importiert, wobei über 40% aus Skandinavien und ca. 20% aus Nordamerika stammen. Da die Zellulosefasern bereits im Ausland mit Hilfe von Chlor und Schwefel aus dem Holz herausgelöst werden, leiden auch die Menschen in diesen Gebieten unter einer schwer belasteten Umwelt.

Wie läßt sich nun eine ökologisch vertretbare Papierwirtschaft aufbauen? Ein Ziel muß es sein, den Anteil von Altpapier bei der Papierproduktion so hoch wie technisch möglich anzusetzen. Allerdings kann die über eine Altpapierverordnung vorgeschriebene Recyclingquote die prognostizierte Zunahme des Papieraufkommens bis zum Jahre 2000 allein nicht auffangen. Einer Reduzierung des Papieraufkommens kann nur mit marktwirtschaftlichen Mitteln erzielt werden. So schlägt beispielsweise der *BUND* vor, die Steigerung des Altpapiereinsatzes bei der Papierherstellung durch finanzielle Anreize zu gewährleisten. Dies wäre zum Beispiel eine Öko- oder Papierabgabe (vergleichbar mit einer Steuer), die auch von *Greenpeace* gefordert wird. Die Höhe der Papierabgabe müßte je nach Einsatzquote von Altpapier gestaffelt werden, so daß beispielsweise UWS- oder Recyclingpapier, da aus 100% Altpapier, mit keiner oder einer nur geringen zusätzlichen Abgabe verteuert werden müßte. Da diese Papierabgabe direkt an den Endverbraucher über den Preis weitergegeben wird, ließe sich über diesen Weg eine Reduzierung des Papieraufkommens realisieren.

Aber nicht nur durch die Kombination von gesetzlich fest vorgeschriebenen Recyclingquoten bei der Papierherstellung in der Bundesrepublik Deutschland und einer nach Entfernung zum Ursprungsland und nach der Altpapiereinsatzquote gestaffelten Papierabgabe zur Reduzierung des Papieraufkommens können wir langfristig zu einer ökologisch vertretbaren Papierwirtschaft gelangen. Auch die Druckindustrie ist gefordert, indem sie beispielsweise durch die Entwicklung leichter zu de-inkender Farben

Recyclingpapier attraktiver macht und die eingesetzten Maschinen so auslegt, daß sie auch weniger reißfeste Papiere verarbeiten können.

Wir alle sind als Konsumenten mitverantwortlich für die Rodung tropischer Wälder und das dadurch bedingte Aussterben unzähliger Tier- und Pflanzenarten. Wir können uns aber am Aufbau einer ökologischen Papierwirtschaft beteiligen. Engagieren Sie sich schon jetzt für eine radikale Reduzierung des Papieraufkommens durch Verzicht auf nicht notwendige und ökologisch nicht verantwortbare Papierprodukte und Verpackungen und verwenden Sie wo möglich UWS-/Recyclingpapier in allen Lebensbereichen. Berücksichtigen Sie im Bereich der EDV die in Kapitel 4. erarbeiteten Kriterien. Die meisten Computerbücher und -zeitschriften sind Dupletten und daher unsinnig und nicht notwendig. Verzicht ist eine Möglichkeit, wie Sie als Anwender selbst auf eine schnellere Reduzierung des Papieraufkommens hinwirken können.

3.2 Herstellung des Papiers

Die Herstellung von Papier belastet durch den exzessiven Raubbau an der Natur, durch die im Ausland immer noch verwendete Chlorbleiche oder den hohen Energiebedarf und die Wasserbelastung bei der Herstellung des Papierrohstoffs die Umwelt. Es ist jedoch wichtig zu wissen, daß sich der Herstellungsvorgang für Papier aus zwei vollkommen getrennten und voneinander unabhängigen Arbeitsabläufen zusammensetzt, und zwar

- der Gewinnung des Papierrohstoffs und
- der eigentlichen Papierherstellung

Diese Trennung ist deswegen so wichtig, da gerade bei der Gewinnung des Papierrohstoffs (also der Fasern, die je nach Baumart zwischen 1 und 5 mm lang sein können) die größte Menge an Energie und Wasser benötigt wird und die Gewässer am schwersten belastet werden. Lesen Sie die folgenden Seiten aufmerksam durch und entscheiden dann für sich selbst, ob Sie auch weiterhin mit einem jährlichen Verbrauch von 240 kg Papier unsere Umwelt belasten wollen.

... Rohstoffgewinnung

Holz ist der für die Papierherstellung wichtigste und wesentlichste Ausgangsstoff überhaupt, denn in ihm finden wir die Fasern, die für die Herstellung von Papier unabdingbar sind. Beim Begriff Papierrohstoff muß man zwischen drei Arten unterscheiden, und zwar zwischen dem

- Zellstoff, dem
- Holzschliff und dem
- Altpapier

Zellstoff und Holzschliff unterscheiden sich nicht nur in der Art der Fasergewinnung, sondern auch bei den

Papierarten, zu denen diese Fasern verarbeitet werden. Um die beiden Arten der Fasergewinnung zu verstehen, muß man wissen, daß sich Holz zu 40 bis 50% aus Zellulosefasern, zu 20-30% aus Lignin und zu 20-30% aus aromatischen Ölen, Harzen und Hemizellulosen zusammensetzt. Gerade das Lignin verleiht dem Holz und somit dem Baum seine Festigkeit, denn es ist mit den Fasern fest verbunden und wirkt dabei wie eine Art "biologischer Kitt". Das Lignin versteift aber die benötigten Fasern und trägt dazu bei, daß das Papier schnell vergilbt und brüchig wird. Die Art und Weise, wie man das Lignin und die anderen störenden Stoffe aus dem Holz herausbringt, macht den Unterschied zwischen Zellstoff und Holzschliff aus.

Beim *Holzschliff* wird das entrindete Holz unter hoher Temperatur, hohem Druck und unter Mitwirkung von Wasser auf einen Schleifstein gepreßt, wobei Faserbündel herausgerissen werden. Das Holz wird bei diesem Vorgang mechanisch zerfasert und man erhält den gewünschten Holzschliff. Mit diesem Verfahren gewinnt man aus 100 kg Holz immerhin rund 95 kg Holzschliff. Allerdings wird mit dieser Methode das störende Lignin nur in sehr geringen Mengen ausgesondert, so daß Papier aus Holzschliff aufgrund der oben genannten Nachteile meist nur für Zeitungen oder für Verpackungen (also für extrem kurzlebige Güter) verwendet wird.

Für Zeitschriften, Bücher und Handbücher wird dagegen fast ausschließlich *Zellstoff* als Rohstoff für die Papierherstellung verwendet. Im Gegensatz zum Holzschliff ist die Zellstoffgewinnung keine mechanische, sondern eine chemische Methode, mit der man die Fasern gewinnt und das störende Lignin aussondert. Durch Zerkleinerung des Holzes und kochen in einer Schwefelsalzlösung erhält man den gewünschten Zellstoff. Da Holz jedoch nur zu 50% aus Fasern besteht, kann nur die Hälfte des eingesetzten Holzes tatsächlich verwertet werden. Der Rest wird meist als Energiequelle für die Holzkochung verwendet. Die Chemikalien in der Kochlauge können durch geeignete Verfahren weitestgehend wiedergewonnen werden, wobei jedoch eine Gewässerbe-lastung nicht vermieden werden kann.

Nachdem die Fasern aus dem Holz gewonnen wurden, besitzt der Zellstoff eine braune Farbe. Dies liegt daran, daß selbst beim Kochen des Holzes etwa 5 bis 10% des Lignins immer noch im Zellstoff verbleiben. Da wir in unserer heutigen Gesellschaft auf weißes Papier hohen Wert legen, muß der Zellstoff bzw. der Holzschliff *gebleicht* werden. Dies wurde bisher und wird (wenn auch mit stark sinkender Tendenz) immer noch mit Chlor erledigt, wobei das Chlorgas das restliche Lignin aus dem Zellstoff entfernt. Alternativ wird inzwischen immer mehr Wasserstoffperoxid als Bleichmittel eingesetzt, wobei bei dieser Methode jedoch das restliche Lignin nicht aus dem Holzschliff oder dem Zellstoff entfernt wird, sondern es werden die farbgebenden Teile des Lignins durch eine chemische Reaktion farblos gemacht. Da Wasserstoffperoxid während und nach der Bleiche in Wasser und Sauerstoff zerfällt, handelt es sich hierbei um eine ökologisch sinnvolle Bleichung des Zellstoffs. Sie wird von immer mehr Papierfabriken neben der reinen Sauerstoffbleiche eingesetzt. Allerdings gehen beim Bleichprozeß bis zu 10% der Zellulosefasern verloren und es wird eine große Menge an Energie benötigt, weswegen es letztendlich nur das Ziel sein kann, auch weniger weißes Papier zu akzeptieren, damit weniger gebleicht werden muß.

Nach dem Bleichvorgang wird der Zellstoff entwässert und getrocknet, bevor er an die Papierhersteller verschickt wird.

... Übersicht: Materialfluß Papier mit und ohne Recycling

Bisher haben wir uns nur mit den Papierrohstoffen Zellstoff und Holzschliff auseinandergesetzt. Wie in Kapitel 3.1 bereits ausgeführt, kann die höchstmögliche Wiederverwertung von Altpapier einen wesentlichen Beitrag dazu leisten, weniger Wälder dem Papier zu opfern. Folgendes Ablaufdiagramm für die Herstellung der Papierrohstoffe Zellstoff und Holzschliff auf der einen Seite und des Papierrohstoffs Altpapier auf der anderen Seite zeigt eindeutig die Vorteile des Altpapiers, denn es fallen alle energie- und wasseraufwendigen und wasserbelastenden Schritte bei der Gewinnung des frischen Papierrohstoffs durch den Einsatz von Altpapier weg.

Gewinnung der Papierrohstoffe

<table>
<tr><th>Zellstoff</th><th>Holzschliff</th><th>Altpapier</th></tr>
<tr><td>Baumschlag</td><td>Baumschlag</td><td rowspan="7">Altpapier-sammlung</td></tr>
<tr><td>Hacken</td><td rowspan="2">Schleifen</td></tr>
<tr><td>Kochen</td></tr>
<tr><td>Sortieren</td><td rowspan="2">Sortieren</td></tr>
<tr><td>Bleichen</td></tr>
<tr><td>Entwässern</td><td rowspan="2">Entwässern</td></tr>
<tr><td>Trocknen</td></tr>
<tr><td>Versand zum Papierhersteller</td><td>Versand zum Papierhersteller</td><td>Versand zum Papierhersteller</td></tr>
</table>

... Herstellung und Umweltbelastung der verschiedenen Papiersorten

Die Fasern sind nun aus dem Holz gewonnen und werden von der Zellstoff- oder Holzschliffabrik an die Papierhersteller verschickt. Da sich die Zellstoff- oder Holzschliffabriken meist nicht am gleichen Ort, ja, meist gar nicht auf dem gleichen Kontinent wie die Papierhersteller befinden, muß ein wesentliches an Transportenergie aufgebracht werden. Zudem könnte der erhebliche Wasserverbrauch, der bei der Entwässerung anfällt und später beim Papierhersteller wieder zugeführt werden muß, dadurch eingespart werden, indem Zellstoff-/Holzschliffabrik und Papierhersteller unter einem Dach arbeiten würden.

Um die Zwischenräume zwischen den einzelnen Fasern des Zellstoffs auszufüllen und somit den Zellstoff auch bedruck- und beschreibbar zu machen, werden Leim und Kalkerde als Füllstoffe hinzugegeben. Diese Füllstoffe können bis zu 50% des Papiervolumens ausmachen. Soll das Papier weitere bestimmte Eigenschaften erfüllen, werden entsprechende Chemikalien hinzugefügt. Danach wird das Ganze in viel Wasser aufgelöst, in Zentrifugen von eventuellen Fremdstoffen (beim Altpapier beispielsweise Metallklammern o.ä.) befreit und in Mahlwerken fein gemahlen. Der Zellstoff mit den Zusätzen und dem Wasser wird nun in der Fachsprache als *Pulpe* bezeichnet. Diese wird auf ein glattes, langes Sieb verteilt, gepreßt und auf heißen Rollen getrocknet. Soll das Papier eine glatte Oberfläche besitzen, wird es nach der Trocknung gestrichen, wofür hauptsächlich Kalk und Kreide verwendet wird.

Die nachfolgende Tabelle soll Ihnen nun noch einmal einige der wichtigen Daten in übersichtlicher und vergleichbarer Form näherbringen.

Verbrauchswerte für 1 kg Papier = 200 Blatt DIN A4 (aus: Papierfibel der *vup*-Betriebe)

	Zellstoff	**Holzschliff**	**Altpapier**
Holz	2000 Gramm	1100 Gramm	nur Altpapier
Wasser	250 Liter	70 Liter	5 Liter
Energie	8 kwh	6 kwh	2 kwh
Wasserverschmutzung	200 Gramm CSB	60 Gramm CSB	10 Gramm CSB

Nachfolgende Abbildung veranschaulicht das Zahlenmaterial noch einmal in grafischer Form. Besonders die Säulengruppen für Zellstoff und Altpapier zeigen den sehr großen Unterschied zwischen Neu- und Altpapier auf (Zellstoff: 100%).

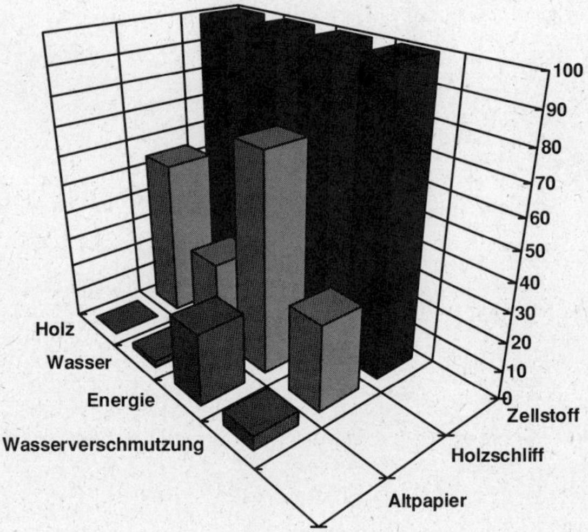

Die Wasserverschmutzung hat gegenüber dem Wasserverbrauch eine größere Bedeutung, denn sie entscheidet darüber, wie stark das Wasser durch die Produktion belastet wird. Die Wasserverschmutzung wird in der Einheit CSB (**C**hemischer **S**auerstoff**b**edarf) gemessen und gibt an, wieviel Sauerstoff den Bakterien im Wasser zugesetzt werden muß, damit diese in der Lage sind, den Dreck im Abwasser abzubauen und zu Klärschlamm zu verarbeiten.

Im wesentlichen kennen wir heute folgende drei Papiersorten, die wir zum Drucken in der Druckerei, als Verpackungsmaterial oder zum Beschreiben verwenden:

- gebleichtes Papier aus frischem Zellstoff
- de-inktes Recyclingpapier
- Umweltschutzpapier (UWS-Papier)

Das *gebleichte Papier aus frischem Zellstoff* ist das wohl noch am häufigsten anzutreffende Papier, das vor allem für Zeitschriften, Bücher und Verpackungen Verwendung findet. Seine Herstellung haben wir bereits in den letzten beiden Abschnitten ausführlich besprochen. Grundsätzlich sollte Papier aus frischem Zellstoff aus den in Kapitel 3.1 dargelegten Gründen nur dort eingesetzt werden, wo ein UWS- oder Recyclingpapier keinen Sinn macht.

Recyclingpapier wird heute dank verbesserter Technik nicht nur als Schreibmaschinenpapier, sondern auch als Kopierpapier und für Verpackungen verwendet. Die Herstellung von Recyclingpapier haben wir bereits im vorangegangenen Abschnitt über die Papierherstellung behandelt, eine Rohstoffgewinnung für Altpapier gibt es nicht, läßt man einmal die Altpapiersammlung an sich außer Acht. Recyclingpapiere bestehen aus 100% Altpapier, wobei eine Toleranz von 5% die Regel ist. Das Altpapier wird nach Anlieferung beim Papierhersteller aufbereitet. Nach diesem Vorgang erhält man einen grauen Altpapierbrei. Diese teilweise sogar dunkelgraue Färbung kommt von den Druckfarben, die sich auf dem Altpapier befinden. Um dem Recyclingpapier eine möglichst helle optische Wirkung zu geben, wird das sogenannte "De-Inking" durchgeführt - daß heißt, die Druckfarben werden weitestgehend ausgewaschen, alte Fasern werden abgeschöpft, wodurch das Papier heller und widerstandsfähiger wird. Dabei entsteht ein Abfall zwischen 10 und 15%, der nicht mehr verwertet werden kann und auf der Deponie landet oder verbrannt werden muß. Das De-Inking kann heute nicht mehr als hochgiftiger Vorgang angesehen werden, da die Schwermetalle weitestgehehend aus den Druckfarben verschwunden sind. Trotzdem bleibt der Nachteil, daß ein Großteil des Altpapiers durch das De-Inking unbrauchbar wird.

Beim Einweichen und Vermixen von Altpapier werden die Fasern jedesmal mehr beschädigt und verkürzt, weswegen Recyclingpapier im Gegensatz zu Papier aus frischem Zellstoff, wo die Fasern noch recht lang sind, weniger widerstandsfähig ist, was sich beispielsweise auf die Reißfestigkeit auswirkt. Allerdings macht sich dies bei normaler Nutzung des Papiers nicht negativ bemerkbar, was der doch immer häufigere Einsatz von Recyclingpapieren im Büro und in den Druckereien zeigt. Und auch gerade für recht kurzlebige Produkte wie Zeitschriften oder Computer(hand)bücher sind Recyclingpapiere eigentlich ideal. Das *Down-Recycling* (also das Erlangen eines schlechteren Stoffs nach dem Recyceln verglichen mit dem ursprünglichen Stoff) hängt auch damit zusammen, daß unsortierte Altpapiersorten zusammen recycelt werden. Wie beim Recycling eines jeden anderen Materials auch (Kunststoff, Glas oder Metall), muß Altpapier sortenrein vorliegen, also nicht Zellstoff- und Holzschliffpapiere oder gebleichte und ungebleichte Papiere vermischt, damit ein *Up-Recycling* (also das Erlangen eines besseren oder gleichguten Stoffs nach dem Recyceln verglichen mit dem ursprünglichen Stoff) von Altpapier möglich ist.

In der Regel kann jede Papierfaser bis zu 8 mal recycelt werden. Wird die Faser zu kurz, dann fällt sie beim Aufarbeitungsvorgang des Altpapiers ohnehin als Abfall an und verschwindet aus dem Papierkreislauf, so daß man stets sicher sein kann, ein qualitativ gutes Recyclingpapier in Händen zu halten.

Das *Umweltschutzpapier* (kurz UWS-Papier genannt) besteht wie das Recyclingpapier zu 100% aus Altpapier. Allerdings wird UWS-Papier nur von einige wenigen Papierfabriken hergestellt, die sich selbst strikten Kriterien für die Herstellung von UWS-Papier unterworfen haben. Es sind dies Papiere mit den Markenzeichen "vup", "ökopa", "AP" und "Papiertiger". Die Kriterien dieser Firmen liegen weit über denen, die beispielsweise der Blaue Umweltengel für Recyclingpapiere vorschreibt. Für UWS-Papier garantieren diese Firmen:

1. aus 100% Altpapier
2. keine Entfärbung, Bleichung oder Färbung. UWS-Papier ist kräftig Grau, weil alle Druckfarbenpartikel im Papier verbleiben und nur aufgelöst und zerkleinert werden. Ein hellerer oder dunklerer Farbton entsteht lediglich durch die bei jeder Produktion andere Mischung aus Altpapiersorten. Dadurch werden unnötige chemische Prozesse vermieden und die Wasserbelastung stark vermindert.

3. Leimung mit Naturharzen und Kartoffelstärke: Es wird bis zur Tintenfestigkeit (Halbleimung) geleimt, jedoch nicht wie bei vielen Papieren oberflächenveredelt.

4. Höchstens 10 Liter Wasser pro kg Fertigpapier dürfen verbraucht werden.

5. Dieses Wasser muß nach Verlassen des Produktionsprozesses biologisch geklärt werden.

6. Innerhalb des Produktionsprozesses sind nach dem Stand der Technik Energiesparmaßnahmen wie Wärmerückgewinnung und Kraft-Wärmekopplung anzuwenden.

Diese Kriterien treffen auf das normale Recyclingpapier nicht zu! Dadurch, daß bei UWS-Papier nicht De-Inkt wird, fallen zudem auch noch diese Abfälle weg. UWS-Papier ist gegenüber normalem Recyclingpapier nur geringfügig teurer, entlastet aber unsere Umwelt dafür in größerem Maße.

Die meisten Firmen, die UWS-Papier herstellen, bieten auch andere umweltfreundliche und ökologisch sinnvolle Produkte an. Während der Arbeit zu diesem Buch haben uns die *vup*-Betriebe unterstützt, weswegen wir diesen Zusammenschluß von Unternehmen etwas genauer vorstellen wollen.

Der *vup*-Verbund (kurz für Verbund selbstverwalteter Betriebe für Umweltschutz-Papier) hat sich vor ca. 10 Jahren zusammengeschlossen mit dem Ziel, die Produktion und den Verkauf von Produkten aus UWS-Papier in die eigenen Hände zu nehmen. Insgesamt gehören dem *vup*-Verbund sechs Betriebe an, die nicht nur Produkte aus UWS-Papier, sondern auch ökologisch sinnvolle Produkte vertreiben. Es werden Produkte in das Programm der *vup*-Betriebe aufgenommen, die

- von hohem Gebrauchswert sind
- bei der Herstellung, im Gebrauch und nach dem Gebrauch die Umwelt wenig belasten
- keine Wegwerfartikel und Unterstützer der Ex-und-Hopp-Mentalität sind.

Hier die sechs *vup*-Betriebe:

Blätterwald e.G.
Weilstraße 2
6292 Weilmünster
Tel. (06472) 7031

Dreigiebelhaus GmbH
Stuttgarter Straße 121
7120 Bietigheim/Bissingen
Tel. (07142) 54521

Papyrus GmbH
Riedinger Straße 24
8900 Augsburg
Tel. (0821) 414880

UWS-Papier + Druck GmbH
Libanonstraße 72a
7000 Stuttgart 1
Tel. (0711) 468317

WUP GmbH
Gaußstraße 19
2000 Hamburg 50
Tel. (040) 395445

Zettelwirtschaft GmbH
Dorfstraße 18
5448 Roth
Tel. (06762) 7802

... Verbreitung und Einsatzmöglichkeiten im EDV-Bereich

Es gibt außer optischen und ästhetischen Gesichtspunkten keinen Grund, warum nicht überall im EDV-Bereich mit UWS- oder Recyclingpapier gearbeitet werden kann. UWS- und Recyclingpapier werden für alle Druckertypen sowohl als Einzelblatt als auch endlos angeboten. Daß es auch bei der geschäftlichen Korrespondenz ohne weißes Neupapier geht, zeigen seit mehr als 3 Jahren die öffentlichen Verwaltungen, die bis auf wenige Ausnahmen ausschließlich Recyclingpapier einsetzen.

Nichtsdestotrotz spielt Recyclingpapier besonders im EDV-Bereich noch eine sehr untergeordnete Rolle. Besonders bei Endlospapier ist der Marktanteil an Recyclingpapier noch recht gering und muß bei den meisten Händlern extra bestellt werden, da es nicht auf Lager liegt. Lesen Sie in Kapitel 4.5 nach, wie Sie für Ihren Drucker das richtige Papier finden und wie Sie zudem Papier einsparen können.

3.3 Druck der Publikationen

Die Druckindustrie hat sich in den letzten zwei Jahren in Sachen ökologischer Verantwortung gewandelt. Nicht nur, daß die Schwermetalle aus den Druckfarben weitestgehend verschwunden sind und so ein De-Inking erleichtern, sondern auch viele der chemischen Problemstoffe in Druckereien, wie beispielsweise Lösungs- und Reinigungsmittel für die Druckwalzen, werden nach und nach durch ökologisch sinnvolle Alternativen ersetzt. Diese Wandlung hat die Druckindustrie aber auch viel Geld gekostet, Geld, das mit unserem verschwenderischen Umgang mit Druckerzeignissen aller Art verdient wurde und so erst die Umstellung auf ein ökologisch sinnvolleres Drucken ermöglichte. In gewisser Weise hat unser überzogener Konsum zu einer für die Umwelt positiven Wende in der Druckindustrie beigetragen. Allerdings sollte dieses Beispiel nicht in allen Branchen Schule machen, denn was sich durch Konsum erreichen läßt, ist auch durch den menschlichen Verstand zu bewerkstelligen.

3.4 Verpackungen, Beilagen und Versand

Die Verpackung, diverse Beilagen und der Versand sind weitere Kriterien, die in eine Ökobilanz für Fachliteratur einfließen müssen. In den nachfolgenden Ausführungen ist daher auch zu beachten, daß hier nur der halbe Weg eines jeden Produktes aufgezeigt wird, also in der Form, wie es beim Anwender ankommt. Das Rohöl, das zum Beispiel für die Herstellung von Kunststoff benötigt wird, der dann in Form der Folienverpackung, der Diskette oder

der CD-ROM benutzt wird, wird beispielsweise im arabischen Raum gefördert, per Schiff unter Inkaufnahme einer möglichen Umweltkatastrophe durch Schiffbruch nach Rotterdam verschifft, dort raffiniert, in die Bundesrepublik importiert, entsprechend zu Kunststoff verarbeitet und anschließend zum Hersteller der Folien, Disketten oder CD-ROMs transportiert, der dann seine Produkte an den Großhändler oder die Verlage verkauft. Auch dieser Energie- und Ressourceneinsatz muß in einer Ökobilanz berücksichtigt werden, und zwar bei allen nachfolgend aufgeführten Materialien und Produkten. Erst auf den zweiten Blick entsteht so ein äußerst komplexes Gebilde, das jeder Anwender für sich selbst und für jeden beabsichtigten Kauf aufstellen sollte. Erst dann kann er entscheiden, ob er den Kauf eines Produktes für verantwortbar hält.

... Folienverpackung

Der überwiegende Teil der EDV-Fachbücher wird noch in Kunststoffolie eingeschweißt, wobei es sich bei dieser Folie meist um die Stoffe PE oder PP handelt. Sie sind zwar recycelfähig, aber ergeben nur minderwertigen Kunststoff, wie aus unseren Kriterien aus Kapitel 1.2 zu ersehen.

... Diskette/CD-ROM zum Buch oder zur Zeitschrift

In 99% aller Fälle entpuppen sich Diskette zum Buch, zur Zeitschrift oder neuerdings sogar CD-ROMs zur Publikation als Werbetrick und als Zugabe, notwendig sind sie meist jedoch nicht. Wird ein Buch oder eine Zeitschrift mit Diskette oder CD-ROM ausgeliefert, dann besitzt das Buch meist eine zusätzliche Diskettentasche im Inneren, die wiederum aus Kunststoff besteht und vor dem Recyceln des Buches herausgetrennt werden muß. Die Zeitschrift muß aufgrund der beigelegten Diskette in Kunststoffolie eingeschweißt werden. In beiden Fällen gibt es aber auch Alternativen: Diskettentaschen aus Pergamin haben sich beispielsweise bei *Wolfram´s Fachverlag* schon des längeren bewährt und die Public Domain-Zeitschrift *Trend* hat ihre Diskette durch bestimmte Einschnitte in die Titelseite am Heft befestigt, so daß keinerlei Plastikfolie nötig ist. Bleibt nun nur noch die Frage, ob eine Diskette zum Buch oder zur Zeitschrift wirklich notwendig ist.

... Abonnementverpackung

Nicht jede abonnierte Zeitschrift kommt verpackt daher, denn die Postvorschriften besagen, daß nur Drucksachen grundsätzlich verpackt verschickt werden müssen. Zeitschriften, in deren Titel sich ein Markenname (zum Beispiel "AMIGA-Magazin" oder "Highscreen") befindet, gelten automatisch als Drucksache. Wenn verpackt verschickt wird, dann erhält man die abonnierte Zeitschrift in der Regel in einem Papierumschlag, doch nicht selten werden Abonnements auch in durchsichtigen Kunststoffumschlägen verschickt. Von letzteren ist aus den bekannten Gründen Abstand zu nehmen. Erstere Papierumschläge bestehen immer noch aus Neupapier, es wird also kein

Altpapier eingesetzt, was die entsprechenden globalen Auswirkungen unserer Papierwirtschaft wie in Kapitel 3.1 gezeigt verschärft.

> *Schreiben Sie an die Abonnementverwaltung Ihrer Zeitschrift und fordern Sie diese auf, bei Abonnementumschlägen konsequent auf UWS- oder Recyclingpapier umzusteigen. Machen Sie diese gegebenenfalls darauf aufmerksam, daß auf eine Verpackung gänzlich verzichtet werden kann. Aus Gründen der schlechteren Energiebilanz (Transportenergie!) bei Abonnements sollten Sie auf diese Art des Zeitschriftenbezugs weitestgehend verzichten.*

... Transport

Wenn man über die eingesetzte Transportenergie bei Büchern und Zeitschriften spricht, dann sind im Rahmen einer Ökobilanz mindestens folgende Transportwege mit dem entsprechenden Verpackungsabfall und den dazugehörenden Energieaufwendungen zu berücksichtigen:

- Transportwege der Rohstoffe für Papier und Pappe (Holz), Kunststoffe für Folie, Diskette und CD-ROM (Rohöl) im Ursprungsland
- Transportwege beim Import der Rohstoffe oder vorbereiteter Materialien aus dem Ursprungsland in die Bundesrepublik

- Transportwege vom Importeur zum Verarbeiter oder zum Großhändler
- Transportwege vom Großhändler zur beauftragten Druckerei oder zum Diskettenduplizierer
- Transportwege des fertigen Produkts von Druckerei zum Vertriebspartner des Verlages
- Transportwege vom Vertrieb zum Kiosk, bzw. zum Abonnementen
- Transportwege beim Rückversand veralteter Zeitschriften oder Bücher an den Verlag
- Transportwege beim Einsammeln der Publikationen in Form von Altpapier

3.5 Beseitigung der einzelnen Komponenten

Die Beseitigung der einzelnen Komponenten unterteilt sich wie folgt:

- Folienverpackungen werden über den Grünen Punkt entsorgt und können aus den in Kapitel 1.2 angeführten Gründen nur zu minderwertigem Kunststoff recycelt werden.
- Abonnementverpackungen, sofern sie aus Papier bestehen, werden dem Altpapierrecycling zugeführt. Bestehen sie aus Kunststoff, dann werden sie über den Grünen Punkt entsorgt.

- Buch oder Zeitschrift kann direkt in den Altpapiercontainer gegeben werden und wird dadurch recycelt.

- Diskette/CD-ROM zum Buch oder zur Zeitschrift sollten nur bei Defekt entsorgt werden, anderenfalls lassen sich Disketten *refreshen*. Disketten und CDs werden zur Zeit noch über den normalen Hausmüll entsorgt und dann in der Regel auf der Deponie eingelagert oder in der Müllverbrennungsanlage thermisch entsorgt. Behalten Sie defekte Disketten oder CD-ROMs solange bei sich im Haushalt, bis geeignete Verfahren entwickelt sind, die ein besseres Recycling ermöglichen.

- Zum Hersteller zurücklaufende Bücher oder Zeitschriften werden dem Altpapier zugeführt und recycelt. Folien und Abonnementverpackungen aus Kunststoff werden über den Grünen Punkt entsorgt. CD-ROMs können nicht wieder neu beschrieben werden und wandern daher auf die Deponie oder in die Müllverbrennungsanlage. Von Verlag zu Verlag unterschiedlich ist die Entsorgung von Disketten. Manche Verlage verwenden die Disketten intern wieder, manche führen ein internes *Refreshing* durch und verwenden die Disketten wieder für ihre Produkte, einige Verlage lassen die Disketten immer noch schreddern und über die Müllverbrennungsanlage entsorgen, da aufgrund der Magnetscheibe ein Kunststoffrecycling nicht möglich ist.

4. Ratgeber

Nicht jeder Anwender hat die Zeit oder das Interesse, sich vor einem Kauf oder während der Arbeit mit dem Computer mit ökologischen Fragestellungen zu beschäftigen, auch wenn dies in der heutigen Zeit der global weit fortgeschrittenen Umweltzerstörung auf Ignoranz und Egoismus in der Gesellschaft hinweist. Dieses Kapitel kann und soll dem Anwender diese Tätigkeit nicht abnehmen, aber es kann ihn dazu ermuntern, sich über bestimmte Themen mehr Gedanken zu machen, als dies in der Vergangenheit der Fall war. Wenn sich diese ökologische Sensibilisierung des Anwenders auch noch auf andere Lebensbereiche überträgt, dann hat nicht nur dieses Kapitel, dann hat dieses Buch seinen Zweck erfüllt.

> *Schreiben Sie an Ihre Computerfachzeitschriften und fordern Sie diese auf, ökologisch kritischer zu berichten und zu jedem Hardwaretest auch die ökologischen Gesichtspunkte darzustellen.*

4.1 Ökologische Entscheidungskriterien beim Computerkauf

Der Kauf der Hardware ist eine Entscheidung, die gründlich überlegt sein will, denn sie zieht eine Menge an weiteren Produkten und somit an Belastungen für die Umwelt nach sich. Hier ist nicht nur der Strom zu nennen, den Sie dann zusätzlich verbrauchen oder der Ressourcen- und Energieverbrauch bei der Herstellung und Entsorgung, sondern vor allem auch der weitere Konsum von typischen EDV-Artikeln wie zum Beispiel Speichererweiterungen, neuen Prozessoren, Co-Prozessoren, Modems, verschiedenen Steckplatinen, Joystickadaptern o.ä. und besonders einer Menge an Software. Alle diese Folgeerscheinungen sollten Sie bei Ihrer Entscheidung, ob der Kauf eines Rechners notwendig und verantwortbar ist, berücksichtigen. Für den privaten Haushalt läßt sich die Frage nach Notwendigkeit in nahezu allen Fällen mit einem klaren Nein beantworten, beim beruflichen Gebrauch müssen die ökologischen Vorteile eines Rechnerkaufs (beispielsweise Papiereinsparung durch Modemübertragung oder Einsparung von Aktenordnern) die ökologischen Nachteile des Rechners (Umweltbelastung bei Herstellung, Entsorgung und Recycling) mindestens aufwiegen. Solche Gleichungen lassen sich aber zur Zeit aufgrund noch fehlender Forschungen und Ökobilanzen nicht aufstellen, geschweige denn lösen. Die Frage nach der Notwendigkeit sollte daher mit größter Sorgfalt angegangen werden.

... Notwendigkeit

Wann braucht man einen Computer? Privat ist die Notwendigkeit wohl kaum gegeben und es ist nur Zeitgeist, daß der Computer als hochmoderne Schreibmaschine, als elektronischer Karteikasten und als Terminkalender mißbraucht wird. Beruflich ist die Notwendigkeit dagegen nur schwer abzuschätzen, denn nur zu oft wird der Rechner zum Statussymbol im Büro oder ist das Notebook vorgeschobene Präsentation der Kompetenz im Außendienst. Die Notwendigkeit für den Kauf eines Rechners läßt sich daher nur anhand folgender Fragestellung ermitteln:

*Ent*lastet die Anschaffung eines Rechners die Umwelt mehr, als sie durch Herstellung und Entsorgung des Rechners *be*lastet wird?

... Rechner: neu, gebraucht oder aufgerüstet

Schön regelmäßig kommt alle 18 Monate eine neue Prozessorgeneration - noch schneller, mit noch mehr Bits gleichzeitig jonglierend, mit eingebauten Zusatzprozessoren, selbst im Design absolute Spitze. Doch nicht nur die Mikroprozessoren sind auf dem Vormarsch. Aufgrund der immer komplexeren Programme werden dem Anwender die Speicherbausteine megabyteweise nachgeworfen, Festplatten mit irrer Speicherkapazität und CD-ROM-Laufwerke sind der neueste Schrei. Wer hat, der hat.

Die meisten Anwender lassen sich beim Kauf von der Werbung der Hersteller, von den euphorischen Testberichten der ebenfalls auf dem ökologischen Auge stockblinden Fachpresse und - wenn wir ehrlich sind - von der eigenen Profilierungssucht leiten. Rechenpower, die vielleicht jeder hunderttausendste Käufer tatsächlich benötigt, sei es für Simulationen in Labors, für CAD- oder andere rechenintensive Arbeiten, aber doch nicht für Textverarbeitung, Spiele, Adressenverwaltung unter dem Deckmantel

"Datenbank", private Finanzverwaltung oder Terminplanung usw. Etwa 99% aller privaten Anwender besitzen dieses Anwenderprofil und tragen dazu bei, daß die durchschnittliche Verweildauer eines Rechners beim Anwender nur 12 bis 14 Monate beträgt.

Um Ressourcen zu schonen und Umweltbelastungen bei der Entwicklung und der Herstellung von Computern zu reduzieren, sind nach der Frage nach der Notwendigkeit des Kaufs und vor dem Neukauf folgende zwei Alternativen auszuschöpfen. Bei beiden Methoden ist stets vor dem Kauf genau zu überlegen, für welchen Zweck man den Rechner langfristig benötigt. Entscheidet man sich beispielsweise für eine zu kleine Festplatte und sieht dann recht schnell ein, daß eine zweite oder eine größere her muß, die dann womöglich als Neukauf erworben wird, dann ist dies eine ökologisch nicht sehr sinnvolle Vorgehensweise.

- Auch wenn der alte Rechner optisch nicht mehr viel hermacht und einem Vergleich mit den gestylten neueren Modellen nicht mehr Stand hält, so läßt sich das eigene Gerät doch durch entsprechendes *Aufrüsten* zu einer Maschine ausbauen, die die gewünschte Leistung bringt, ohne daß durch den Kauf eines vollkommen neuen Rechners zusätzlich Ressourcen und Energien verbraucht werden. Allerdings läßt sich aufgrund der internen Strukturen ein 8088, 8086 oder 80286 nicht auf einen 80386 oder höher aufrüsten. Ab einem 80386SX läßt sich jedoch grundsätzlich jeder Prozessor durch einen 80486 oder höher austauschen, wenn dies notwendig ist. Wenn Sie sich für den längerfristigen Gebrauch einen Second-Hand-Computer anschaffen, dann achten Sie also auf den Prozessor, damit Ihr Rechner nicht nach einem halben Jahr auf den Müll oder wieder in den Verkauf wandert. Neben dem Prozessor ist auch der RAM-Speicher, die Festplatte und die Grafikkarte Ihren Bedürfnissen anzupassen.

- Wenn Sie noch keinen Computer besitzen oder einen älteren Rechner Ihr Eigen nennen, der sich nicht mehr auf die 32 Bit-Technologie (also auf 80386 und höher) aufrüsten läßt, dann sollten Sie in entsprechenden Anzeigenblättern nach *gebrauchten Rechnern* des gesuchten Typs Ausschau halten, die saisonunabhängig in großen Stückzahlen und teilweise äußerst günstig abgegeben werden. Aufgrund der sehr geringen Verschleißerscheinungen bei den Geräten macht man bei gebrauchten Computern im Gegensatz zum Autokauf in der Regel keine schlechten Erfahrungen. Trotzdem ist ein Probelauf stets angeraten. Wollen Sie den Rechner nicht nur für eine kurze Zeit benutzen und dann wieder abstoßen, sondern längerfristig damit arbeiten, dann sollten Sie darauf achten, daß eine spätere Aufrüstung auf neuere Prozessoren möglich ist. Dies bedeutet, daß Sie mindestens einen 80386SX anstreben sollten, höhere Prozessoren sollten Sie nur bei Notwendigkeit in Betracht ziehen, denn je schneller ein Prozessor arbeitet, desto mehr Strom benötigt er. Die beiden Marktführer für Mikroprozessoren, Intel und AMD, bieten inzwischen zu jeder Prozessorgeneration auch entsprechende Stromspar-Prozessoren (sogenannte lowpower chips) an. Diese

> bieten die gleiche Rechenleistung, kosten nicht mehr als die herkömmliche Ausführung des Chips und verbrauchen bis zu 80% weniger an Energie. Man erkennt sie bei Intel an der Endung SL (zum Beispiel Intel 80486SX-SL) und bei AMD an der Endung L. Wenn Sie sich für einen 80486 mit 50 MHz Taktfrequenz entscheiden, dann sollten Sie dem DX2/50MHz gegenüber dem DX/50MHz den Vorzug geben, denn ersterer kann später in Sachen Taktfrequenz erweitert werden, letzterer nicht.

Der *Neukauf* sollte stets der letzte Schritt sein, den Sie zum Computererwerb beschreiten, denn er ist angesichts der vielfältigen Aufrüstmöglichkeiten und des reichhaltigen und qualitativ hochwertigen Gebrauchtangebots die ökologisch am schwersten verantwortbare Lösung.

Auf jeden Fall sollten Sie bei einem Kauf auch auf die ökologischen Aspekte des Gerätes achten. Dies ist natürlich beim Neukauf weitaus einfacher, sollte aber auch beim Gebrauchtkauf berücksichtigt werden. Ökologische Aspekte sind beispielsweise die Reparatur- und Recyclingfreundlichkeit des Produkts. Ein Metallgehäuse läßt sich nun mal leichter recyceln als ein Vollkunststoffgehäuse. Achten Sie auch darauf, daß die einer schnellen Weiterentwicklung unterliegenden Teile des Rechners (also Mikroprozessor, Videokarte oder Datenträger) modular austauschbar sind und so eine längere Lebensdauer der Gerätes gewährleistet werden kann. Solche Geräte werden zum Beispiel von den Firmen ICL, Siemens Nixdorf oder Dell angeboten. Auch die Garantie, daß der

Rechner nach seinem Ableben vom Hersteller zurückgenommen wird, sollte in die Entscheidung mit einfließen.

Wählen Sie Ihren Rechner Ihren Bedürfnissen entsprechend aus. Es gibt heutzutage Rechner in den Versionen Tower, Desktop, Laptop, Notebook und Palmtop. Letzterer ist angesichts der kleinen Tastatur nur für Unterwegs geeignet und zieht meist einen weiteren stationären Rechner zu Hause nach sich. Laptops und Notebooks sind ebenfalls für unterwegs, können aber aufgrund der guten ergonomischen Gegebenheiten auch als vollwertiges Tischgerät eingesetzt werden, wobei noch hinzukommt, daß ein Notebook im Gegensatz zu einem Desktop oder Tower aufgrund des fehlenden Lüfters und des LCD-Bildschirms wesentlich weniger Strom frißt. Nicht sinnvoll ist die Kombination Notebook für unterwegs und Desktop/Tower zu Hause, da hier zwei Rechner angeschafft werden müssen. Inzwischen bieten immer mehr Firmen Notebooks an, die, zu Hause mit einer Docking-Station verbunden, zu einem vollwertigen Desktop mit Steckplätzen werden. Auf diese Weise läßt sich im Vergleich zu zwei Rechnern zumindest einiges an Material und eventuell ein Monitor einsparen. Ob man sich nun für einen Tower oder einen Desktop entscheidet, ist letztendlich Geschmackssache. In jedem Fall sollten Sie jedoch einem Metallgehäuse den Vorzug geben.

... Monitor: LCD oder Bildröhre

Wie wir bereits in Kapitel 1 sehen konnten, bereitet das Recyceln von Bildschirmen einige Probleme. Der ökologisch interessierte Anwender fragt sicher daher, ob er nicht vielleicht durch den Kauf eines LCD-Bildschirms der Umwelt einen Gefallen tun könne. Die Frage ist sicherlich berechtigt, aber angesichts fehlender Erfahrung beim Recyceln von LCD-Bildschirmen (die Notebook-Ära hat gerade begonnen und die ersten Geräte werden frühestens in drei oder vier Jahren zum Recycling erwartet) läßt sie sich nur schwer oder gar nicht beantworten. Die umseitige Tabelle soll Ihnen eine Übersicht der Vor- und Nachteile der beiden Bildschirmtypen geben, wobei eine ökologische Wertung zum jetzigen Zeitpunkt noch nicht möglich ist.

Die meisten Monitore erfüllen derzeit schon die Schwedennorm MPR II, die strahlungsarme Monitore kennzeichnet. Überprüfen Sie bei einem Monitorkauf trotzdem diese Eigenschaft, die Sie anhand eines Aufklebers auf der Rückseite des Monitors leicht ersehen können. Achten Sie beim Kauf des Monitors auch auf die Abbildungseigenschaften des Bildes, also auf die Konturenschärfe an den Rändern, Farbbrillanz und auf die Auflösung. Zudem sollten Sie sich für einen flimmerfreien (Non interlaced) Monitor entscheiden, vor dem Sie auch längere Zeit ohne Ermüdungserscheinungen arbeiten können.

	Monitor mit Bildröhre	LCD-Bildschirm
Vorteile	- hohe Auflösung - gestochen scharfes Bild aus jedem Blickwinkel	- bei LCD keine, bzw. bei TFT sehr geringe Strahlenbelastung - nur relativ kleines Recycling-volumen - niedriger Stromverbrauch (ca. 8 Watt) - Stromversorgung über PC, daher kein Netzteil erforderlich
Nachteile	- relativ starke Strahlenbelastung - hohes Recyclingvolumen - hoher Stromverbrauch - derzeit noch kein 100%-Recycling möglich - Verwendung hochtgiftiger Stoffe wie Blei, Cadmium und Strontium	- niedrige Auflösung, SVGA noch recht teuer - Farbversion noch recht teuer - derzeit noch kein 100%-Recycling möglich - Schärfe des Bildes bei LCD vom Blickwinkel abhängig - Flüssigkristalle sind krebserregend

... Drucker: Matrix, Tintenstrahl oder Laser

Der Drucker gehört inzwischen bei fast jedem Anwender zur Standardausrüstung dazu. Es gibt eigentlich nur noch einige wenige große Druckerhersteller, aber dafür Unmengen von immer neueren und in immer kürzeren Zeitabständen herausgebrachten Modellen mit immer höheren Auflösungen, höherer Druckgeschwindigkeit, mehr integrierten Schriften und mit einem kompakteren und noch schöneren Design.

Um ihre Marktposition zu behaupten gehen Druckerhersteller sogar bis an die äußerste Grenze der Gewinnspanne. Ein Beispiel hierfür ist der Hersteller Hewlett Packard, der sich im Markt der Laserdrucker bereits einen sehr guten Namen gemacht hat und nun mit rigorosen Mitteln den Matrixdrucker durch den Tintenstrahldrucker ablösen will. Die Kunden lassen sich von den technischen Daten überzeugen und kaufen, aber technische Daten sagen nichts über die ökologische Verantwortbarkeit eines Produktes aus. Bei nahezu allen Tintenstrahldruckern mit der weitverbreiteten Bubble-Technologie ist der Druckkopf fest mit der Tintenpatrone verbunden und muß bei einem Austausch der Patrone entsprechend neu gekauft und entsorgt werden, was die Umwelt belastet. Einen neuen Weg begeht die Firma Epson mit dem Modell Stylus 800, das nach dem Piezo-Prinzip arbeitet. Hier ist der Druckkopf fest im Drucker installiert, und es braucht nur noch die Tintenpatrone selbst ausgetauscht bzw. Tinte nachgefüllt werden. Dadurch wird nicht nur die Umwelt entlastet, sondern es werden auch die Betriebskosten werden gesenkt.

Haben Sie die Notwendigkeit für den Kauf eines Druckers abgeklärt, dann sollten Sie die folgende Gegenüberstellung der drei gängigen Druckertypen studieren und bei Ihrem Druckerkauf die angeführten Kriterien berücksichtigen.

	Matrixdrucker	**Tintenstrahldrucker**	**Laserdrucker**
Anschaffungspreis des Gerätes	niedrig bis mittel	mittel	hoch
Geräuschentwicklung beim Ausdruck	hoch	niedrig	niedrig bis mittel
Anfallende Druckkosten pro Blatt	2 -4 Pfennig	7 - 11 Pfennig	6 - 9 Pfennig
Kann UWS/Recyclingpapier verwendet werden?	ja	ja	ja
Anschaffungspreis des Farbträgers	niedrig	hoch	hoch
Wie oft läßt sich der Farbträger nachfüllen?	Farbband: 8 - 20 mal	Tintenstrahlpatrone: 5 - 8 mal	Toner-Kartusche: 5 - 8 mal
Kosteneinsparung beim Nachfüllen des Farbträgers	Farbband: 30 - 70%	Tintenstrahlpatrone: 20 - 50%	Toner-Kartusche: 20% - 60%
Druckgeschwindigkeit	mittel	mittel	mittel bis hoch
Druckbild	9-Nadler: mittel 24-Nadler: gut	gut	sehr gut
Entsorgungsprobleme der Hardware und des Farbträgers	mittel	mittel	sehr hoch
Gesamturteil	**knapp gut**	**mittel**	**knapp mittel**

Viele Besitzer eines 9-Nadeldruckers sind mit der Anzahl der eingebauten Schriften und mit dem Schriftbild nicht mehr zufrieden. Schließlich bietet ein Tintenstrahl- oder Laserdrucker ein erhebliches besseres und vor allem professioneller wirkendes Schriftbild. An dieser Stelle setzt wieder die Diskussion über die Notwendigkeit und den Verzicht auf einen neuen Drucker ein: Solange der alte Drucker seinen Dienst ordnungsgemäß und in der für die Anwendung geforderten Geschwindigkeit verrichtet, besteht keine Notwendigkeit, einen neuen Drucker anzuschaffen. Zudem gibt es inzwischen einige Programme, mit denen sich selbst auf Matrix- und Tintenstrahldrukkern in der Seitenbeschreibungssprache*PostScript* ausdrucken läßt.

Ein gutes Beispiel dafür, daß man seinen Text auch noch mit einem alten 9-Nadler ansprechend gestalten kann, zeigt das Shareware-Programm *LQ* (aktuelle Version: 2.32). LQ steht hierbei für *LetterQuality* und druckt zahlreiche neue Softfonts als Grafikdruck in einem ansprechenden Schriftbild aus. Sie erhalten durch das Programm quasi einen neuen Drucker und ersparen nicht nur der Umwelt zusätzliche Belastungen, sondern schonen auch Ihr Budget. Darüber hinaus läßt sich über die Druckertreiber von Windows und die mitgelieferten zahlreichen Schriftarten so manchem betagten 9-Nadler über den grafischen Ausdruck auf die Sprünge helfen.

... Zubehör: Joystick, Maus und Co.

Der *Joystick* gehört im elektronischen Spielezeitalter zur Standardausrüstung eines jeden Computerinteressierten. Im Gegensatz zu den echten Spielecomputern Commodore C64, Commodore Amiga oder Atari, wo die Joysticks direkt an eine Buchse angesteckt werden, wird beim PC eine zusätzliche Steckkarte in den Rechner eingebaut. Die Anschaffung eines Joysticks sollte nur dann in Erwägung gezogen werden, wenn auch wirklich eine Notwendigkeit besteht. Zu empfehlen sind wegen ihrer recht langen Lebensdauer Joysticks mit Microschaltern, die zwar etwas mehr kosten, aber immerhin bei regelmäßiger Nutzung zwischen 3 und 5 Jahren halten.

Ohne das richtige Zubehör läuft heute bei grafischen Benutzeroberflächen wie *Windows* und bei den meisten Standardprogrammen nichts mehr. Eine *Maus* muß her, um die Schnittstelle Mensch-Computer komfortabler zu gestalten. Doch auch hier ist Maus nicht gleich Maus. Es gibt die original Microsoft-Maus, die durchgestylte Colani-Maus, die kabellose Infrarot-Maus, die Notebook-Maus und noch einige andere Exemplare mehr. Sie erfüllen alle den gleichen Dienst, aber benötigen je nach Ausführung mehr oder weniger Platz auf dem Schreibtisch, Elektronik und Kunststoff und somit auch mehr oder weniger Ressourcen. Zudem kommt bei einer Maus, die nicht nach dem Trackball-Prinzip arbeitet, noch ein *Mousepad* (eine Unterlage, damit die Kugel der Maus einen rutschsicheren Untergrund vorfindet) aus aufgeschäumten Kunststoff hinzu. Besitzt man jedoch eine etwas rauhere Schreibtischoberfläche oder fährt mit der Maus gar auf einer Schreibtischunterlage, dann kann man sich und der Umwelt auch dieses Mousepad sparen.

Grundsätzlich ist die Maus zu wählen, die den notwendigen Zweck erfüllt. Dies ist bei einem Schreibtischrechner (Desktop) oder Tower eine ganz normale Maus mit zwei Knöpfen am Kabel, die in der Regel an eine seriellen Schnittstelle angeschlossen wird. Sonderausführungen wie die Colani-Maus oder besonders schon bemalte und designte Mäuse sind nur Werbetrick und bringen bei aufwendigerer Herstellung den gleichen Nutzen. Die kabellosen Mäuse, die über Infrarotsignale mit dem Rechner in Verbindung stehen, sind zwar aufgrund des wegfallenden Kabels sehr bequem, dieses Plus wird aber mit einem erheblichem Mehr an benötigter Elektronik und Energie und somit einer erhöhten Umweltbelastung durch Herstellung und Entsorgung erkauft.

Für Laptops und Notebooks gibt es *portable Trackballs*, die an eine Seite der Notebooktastatur angeklemmt werden und so auch unterwegs ohne feste Unterlage auskommen. Besitzen Sie einen Desktop/Tower und ein Notebook, dann sollten Sie möglichst nur eine Maus für beide Rechner verwenden.

4.2 Ökologische Entscheidungskriterien beim Softwarekauf

Ohne Software läuft bei der Hardware und beim Anwender nichts. Doch welche und wieviel Software können wir gegenüber unserer Umwelt verantworten? Was ist bei der

Auswahl des geeigneten Programms und beim Kauf zu beachten? Fragen, auf die wir in diesem Kapitel versuchen werden, Antworten zu geben.

> *Schreiben Sie an Ihre Computerfachzeitschriften und fordern Sie diese auf, ökologisch kritischer zu berichten und zu jedem Softwaretest auch die ökologischen Gesichtspunkte darzustellen.*

... Notwendigkeit

Wie bei der Hardware sollte auch bei der Software die Kauffrage nicht lauten "Welches Programm kaufe ich mir ", sondern "*Ent*lastet die Anschaffung dieser Software die Umwelt mehr, als sie durch Herstellung und Entsorgung des Programms *be*lastet wird?" Besonders im privaten Bereich kann man sich darüber streiten, ob Spiele auf dem Computer lehrreicher, spannender oder lustiger sind als Brettspiele oder Spiele im Freien. Eins ist jedoch sicher - sie sind vor allem ungesünder, denn sie verleiten zu übertrieben langen, bewegungsarmen Ausharren vor dem Bildschirm in einem luftverbrauchten Raum. Auch ob man privat die gelegentlich benutzte Schreibmaschine oder den Karteikasten durch den Computer mit Drucker ersetzen sollte, läßt sich - zumindest unter ökologischen Gesichtspunkten - mit einem klaren Nein beantworten. Es gibt im Grunde keine Software für den privaten Bereich, die aus ökologischen Überlegungen heraus ein verantwortbarer

Grund wäre, warum ein Rechner im trauten Heim Einzug finden sollte.

Bei vielen Lesern kommt die Frage, ob ein Rechner privat tatsächlich notwendig ist, zu spät, denn ein solcher steht bereits zu Hause auf dem Schreibtisch. Für jene Anwender stellt sich nun die Frage, welche Software benötige ich, welche Software ist für meine Arbeit notwendig, sofern ich denn die Tätigkeiten zu Hause am Rechner überhaupt mit der Umschreibung *Arbeit* bezeichnen kann. Ist es nicht reine Neugierde auf High-Tech, spielerisches Hobby, gedankenloser Umgang mit einer seelenlosen Maschine, die dem Menschen bereits mehr Selbständigkeit und natürliche Lebensfreude genommen hat, als sie uns das Leben erleichtert.

Wenn sich nun für den privaten Anwender die Frage nach der Notwendigkeit von Software stellt, dann kann es darauf keine Antwort geben, denn eigentlich steht vor der Frage nach der Notwendigkeit der Software die Frage nach der Notwendigkeit der Hardware. Da diese Frage bei Privatmenschen mit einem klaren Nein zu beantworten ist, stellt sich die Frage nach der Software erst garnicht. Aus diesem Grund wird sich der private Anwender in diesem Buch am beruflichen Anwender orientieren müssen, für den dieses Kapitel eigentlich bestimmt ist. Verständlicherweise setzt es sich nicht mit Spielen oder dergleichen, sondern vorrangig mit Standardsoftware auseinander.

Wenn Sie sich die Umweltbelastungen durch die einzelnen Komponenten von Software in Kapitel 2 noch einmal ansehen, dann stellen Sie fest, daß es einige Sachen gibt, auf die man beim Softwarekauf achten kann, um ökologisch sinnvoller einzukaufen. Grundsätzlich läßt sich jedoch sagen, daß es zwei Softwarearten gibt, die am ökologisch sinnvollsten sind: Zum einen *Programmiersprachen*, denn mit ihnen lassen sich unter entsprechendem Zeitaufwand alle anderen, notwendigen Softwareprodukte selbst programmieren, ohne daß hierbei noch einmal zusätzliche Umweltbelastung durch die Herstellung und Entsorgung entsteht. Handbücher, Disketten und Verpackung werden nur einmal - nämlich für die Programmiersprache selbst - hergestellt, alle anderen vom Anwender nachfolgend programmierten Programme kommen ohne Handbücher, Disketten und Verpackung aus.

Zum anderen sind dies *Utilities*, die durch ihre Arbeit im Rechner die Anschaffung von zusätzlicher Hardware überflüssig machen oder durch effizienteres und weniger zeitintensives Arbeiten am Rechner den Strombedarf reduzieren. Es handelt sich hierbei beispielsweise um online-Komprimierungsprogramme für die Festplatte, mit der sich die Festplattenkapazität ohne Einbau einer neuen oder zusätzlichen Platte verdoppeln läßt oder Software, die den RAM-Speicher im Rechner verdoppelt. Komprimierprogramme gibt es unter den Namen *SuperStor Pro* von AddStor und *Stacker*. Eine kostengünstigere Alternative bietet auch der Verlag Data Becker mit seinem Produkt *DoubleDensity* an, das im Buchhandel erhältlich ist.

Alle diese Programme arbeiten nach dem gleichen Prinzip: Die Daten werden ohne zeitliche Verzögerung beim Schreiben auf Festplatte komprimiert und beim Lesen wieder entkomprimiert. Die Komprimieralgorithmen sind so geschickt programmiert, daß ab Rechnern mit einem 80386er Prozessor der Lesevorgang sogar beschleunigt wird, da effektiv weniger Daten von der Festplatte in den Rechner transportiert werden müssen. Im Gegensatz zu seinen Konkurrenten kann *SuperStor Pro* die Komprimierungsroutinen auch auf Disketten anwenden, weshalb sich dieses Produkt als empfehlenswertestes Komprimier-Utility erwiesen hat. Alle Komprimierungsprogramme arbeiten zudem auch problemlos mit Windows 3.1 zusammen. Selbst Shareware-Software wie beispiels-weise das Formatier- und Kopierprogramm *VGACopy* kann durch spezielle Routinen eine Diskette bis zu 1,72 MB formatieren, das Programm *FDForm* bringt es sogar auch 1,8 MB pro Diskette.

Der Düsseldorfer Computerbuchverlag Sybex bietet das Programm *Double-RAM* als Bookware an, mit dem sich der installierte Erweiterungsspeicher (Expanded Memory) verdoppeln läßt, ohne neue Speicherbausteine kaufen und in den Rechner einbauen zu müssen. Ein weiteres Beispiel ist das Programm *UltraScript*, mit dem sich auf jedem Drucker (Matrix-, Tintenstrahl- und Laserdrucker) in Post-Script und in akzeptabler Geschwindigkeit ausdrucken läßt, ohne sich eine entsprechende Karte oder einen neuen und wesentlich teureren Drucker anschaffen zu müssen.

Außer den beiden eben genannten Softwarearten sind Standardsoftware wie Textverarbeitungen, Datenbanken, Kalkulations- und Kommunikationsprogramme nach deren Notwendigkeit je nach Einsatzgebiet zu beurteilen. Bei der Auswahl dieser Programme sollte dann auf die noch nachfolgend in diesem Kapitel behandelten Kriterien geachtet werden. Eindeutig überflüssig und aus den bislang geäußerten Gründen ökologisch unverantwortbar sind dagegen Programme für die privaten Finanzen, Steuerprogramme, Adressenverwaltungen, Terminplaner, Briefmarken-, Video- und CD-Verwaltungen, Übersetzungsprogramme, Spiele aller Genres, Schreibmaschinenkurse, Info-Programme wie Straßen- und Sternenkarten - kurz: Alle Programme, die man sich als Anwender bei Bedarf selbst programmieren oder auf die man gänzlich verzichten kann.

... Kriterien für ökologisch verantwortbare Software

Wir haben für Sie nachfolgend Kriterien aufgestellt, die - nachdem Sie die Notwendigkeit eines Softwarekaufs abgeklärt haben - die zur Zeit ökologisch verantwortbarste Lösung in Punkto Software und Verpackung darstellen. Beachten Sie bei Ihrem Softwarekauf soweit möglich diese Kriterien oder sprechen Sie den Händler oder Direktversender darauf an.

- Die Software sollte aus Gründen der Ressourcenschonung jeweils nur in einem Diskettenformat (5.25" oder 3.5") geliefert werden. Da in 5.25"-Floppys immer noch PVC zu finden ist, sollte grundsätzlich auf 3.5" geliefert werden. Die sehr geringe Anzahl von Anwendern mit älteren Laufwerken, die 3.5"-Disketten nicht lesen können, sollten die Möglichkeit haben, kostenlos eine 5.25"-Version des Programms zu erhalten.

- Die Software sollte in jedem Fall auf HD-Disketten (1,2 MB bei 5,25" und 1,44 MB bei 3,5") geliefert werden, da sich hierdurch die Diskettenanzahl im Vergleich zu 2DD-Disketten um die Hälfte reduzieren läßt. Die sehr geringe Anzahl von Anwendern mit älteren Laufwerken, die HD-Disketten nicht lesen können, sollten die Möglichkeit haben, kostenlos eine DD-Version des Programms zu erhalten.

- Die Software sollte auf der Diskette in komprimierter Form vorliegen. Durch die Komprimierung läßt sich die Diskettenanzahl noch einmal um zwischen 30% und 40% reduzieren. Während der Installation des Programms werden die Programmdateien dann automatisch dekomprimiert, so daß sich der Anwender nicht weiter darum zu kümmern braucht. Der Großteil der Standardprogramme wird inzwischen komprimiert ausgeliefert.

- Die Verpackung des gesamten Softwareprodukts sollte nicht eingeschweißt, vom Volumen so gering wie möglich und aus umweltfreundlicheren Materialien hergestellt sein. Auf Auspolsterungen und auf Kunststoffe jeglicher Art kann hierbei in jedem Fall verzichtet werden. Firmen wie *Microsoft* oder *Systhema* beispielsweise gewährleisten inzwischen bei ihrer gesamten Produktpalette die Unversehrtheit des Produktes durch das Aufkleben eines Labels (ein Aufkleber) und können so auf eine Einschweißung des Produkts verzichten. Lacke haben auf der Verpackung nichts zu suchen und sind zum Beispiel durch UV-härtende Farben zu ersetzen. Ideal wäre eine nicht aufwendig bedruckte und aus UWS- oder Recyclingpapier hergestellte Verpackung, die beim Einzelversand an den Endkunden zugleich als Versandverpackung dienen kann, wie dies beispielsweise die Firma *Vollwert Technologie* bei ihrem Programm *Karotte* praktiziert. Hier haben die meisten Softwarefirmen jedoch noch Schwierigkeiten, denn der Werbeeffekt der Verpackung steht immer noch unvergleichbar höher im Kurs als eine ökologisch sinnvolle Verpackung.

- Angesichts der Tatsache, daß nahezu jeder Anwender - gewerblich oder privat - seine Software aufgrund von Tests in Fachzeitschriften oder aufgrund von Empfehlungen aus dem Bekanntenkreis einkauft, und zudem immer häufiger über den Direktversand, ist dieses Festhalten an traditionellen Werbestrategien zu Lasten der Umwelt nicht verständlich und auch nicht mehr verantwortbar. Zudem kann beim Direktkauf (also über den Versandhandel) die hübsch bedruckte Umverpackung gänzlich wegfallen, denn der Kunde hat sich ja bereits durch die Direktbestellung für das Produkt entschieden und muß nicht mehr durch die werbewirksame und aufwendig bedruckte Verpackung überzeugt werden. Da ein Großteil der heutigen Softwarekäufe über den Direktversand abgewickelt werden, ließe sich beispielsweise durch eine unbedruckte "White Box", die speziell an Direktversender oder an Bezieher der ermäßigten Schulversionen (*WordPerfect*) abgegeben wird, die Umweltbelastung reduzieren. Die Verwendung von Mehrweg-Europaletten als Um- und Versandverpackung, der Verzicht auf Metallklammern bei Kartons oder der Einsatz von Faltschachteln, wo nur die schließende Lasche mit einem naßklebenden Klebeband (da kein PVC) verklebt zu werden baucht, sind nur einige Ansatzpunkte, wie sich auch beim Verand zum Großabnehmer oder zum Endanwender umweltfreundlicher verschicken läßt.

- Zu diskutieren wäre ein *Einzelkomponenten-System*. Hierbei liefert der Softwarehersteller an den Händler oder Direktversender in wiederverwendbaren Behältern die Disketten und Handbücher zu seinem Softwareprodukt. Der Kunde kann dann diese Softwarekomponenten einzeln beim Händler kaufen und mitnehmen. Auf diese Weise fällt bis auf die direkt wiederverwendbaren Transportverpackungen, einer eventuellen Papierbanderole um die Disketten und einer Transportverpackung vom Direktversender zum Anwender kein weiterer Verpackungsmüll an.
- Der Hersteller sollte dem Kunden die Möglichkeit geben, bei einem Update den gesamten Diskettensatz zurückzugeben (*Microsoft*), damit diese refreshed und in den Produktionskreislauf zurückfließen oder für das Update direkt wiederverwendet werden können. Auf diese Weise läßt sich vor allem im gewerblichen Bereich eine Art Mehrweg-System für Software aufbauen, das die Diskettenproduktion erheblich reduzieren kann (*Micrografx*). Entwicklungen hin zu neuen Materialien bei der Diskettenherstellung (zum Beispiel das natürliche und voll kompostierbare

Material "Mater Bi" bei Gehäusen der 3.5"-Diskette) sind besonders zu unterstützen.

- Die Disketten sollten nicht eingeschweißt sein. Es bieten sich hier Diskettentaschen aus Pappe oder Papier an. Denkbar und auch ökologisch sinnvoller wäre dagegen eine Papierbanderole aus UWS- oder Recyclingpapier, die die Disketten zusammenhält und auch einen Aufdruck für die Lizenzvereinbarungen erlaubt (*Commodore*). Diskettenetiketten sollten aus UWS- oder Recyclingpapier gefertigt sein (*Ökobase*).

- Das Handbuch zur Software sollte weder eingeschweißt noch in einer anderen Art und Weise verpackt sein. Da sich die Handbücher ohnehin in der Verpackung des Gesamt-Softwarepaketes befinden, ist diese zusätzliche Verpackung total überflüssig und nicht mehr verantwortbar.

- Das Handbuch sollte mindestens auf chlorfrei gebleichtem Papier, besser jedoch auf UWS- oder Recyclingpapier gedruckt sein. Daß dies auch im großen Rahmen geht, hat zum Beispiel der Computerbuchverlag *Markt & Technik* mit seinem Öko-Buchpaket bewiesen, das aus 100% Altpapier besteht. Aber auch die amerikanischen Firmen *Bitstream* und *Micrografx* haben in den USA bereits voll auf Recyclingpapier für die Handbücher umgestellt. Gerade bei Softwarehandbüchern, die aufgrund der recht schnellen Updatefolge nur ein recht kurzes Dasein fristen, bietet sich der Einsatz von Recyclingpapier für die Herstellung an.

- Das Handbuch zu Standardsoftware sollte nur die wirklich vom Durchschnittsanwender benötigten Informationen enthalten. Ausführliche Programmieranleitungen für eine eventuelle Makrosprache werden nur von einer Minderheit der Anwender benötigt, so daß diese im Basishandbuch weggelassen oder nur gestreift werden können. Die Firma *Microsoft* beispielsweise liefert ihr Produkt *Microsoft Word für Windows 2.0* ohne Handbuch zu der Programmiersprache *WordBasic* aus. Wenn der Anwender mit der Sprache einfachere Makros programmieren will, kann er sich die Syntax über die Online-Hilfe des Programms anzeigen lassen. Erst für die Prgrammierung größerer Anwendungen empfiehlt es sich, das kostenlose, gedruckte Handbuch bei *Microsoft* anzufordern. Durch ein *Einzelkomponenten-System* könnte sich der Anwender die entsprechenden Handbücher selbst zusammenstellen und auf diese Weise auch auf den Kaufpreis einwirken.

- Zusätzlicher Schnickschnack wie Schuber für die Handbücher und ähnliches verbrauchen unnötig Ressourcen und werden meist schon beim nächsten Update des Programms nutzlos, da die Handbücher meist erweitert werden und dann nicht mehr in den Schuber passen. Wenn Schuber, dann sollte dieser aus kräftiger, gepreßter Pappe bestehen. Kunststoffe haben hier nichts zu suchen.

- Im Programm selbst sollte auch auf ökologische Aspekte wie doppelseitiges Drucken, Multiple Page und komfortable Bildschirmvorschau geachtet werden.

- Unter dem Vorzeichen, daß immer mehr berufliche und private Anwender mit einem Modem arbeiten, gehen einige Hard- und Softwarehersteller (beispielsweise *Commodore* oder *Fifth Generation Systems*) dazu über, Bug-Fixes oder Änderungen an der aktuellen Programm-Version über eine Mailbox und teilweise gegen eine Update-Gebühr für den Anwender direkt abrufbar zu machen. Dies ist ohne Zweifel die ökologisch sinnvollste Alternative und sollte in Zukunft weiter ausgebaut werden.

Machen Sie Ihre Kaufentscheidung soweit wie möglich von unseren Kriterien abhängig. Vergleichen Sie die Kriterien auch mit der Software, die Sie bereits bei sich zu Hause haben, schreiben Sie an die Hersteller, wenn Sie Defizite entdecken und fordern Sie sie auf, diese zu beseitigen. Schreiben Sie an die Redaktionen Ihrer Zeitschriften und fordern Sie diese auf, bei jedem Softwaretest einige Worte über die ökologischen Kriterien der Software und der einzelnen Komponenten (Disketten und Handbücher) zu verlieren. Setzen Sie sich für ein Einzelkomponenten-System ein.

... Doppelseitig drucken und Bildschirmvorschau

Beim Kauf von Standardprogrammen wie beispielsweise Textverarbeitungen, Datenbanken, Terminplanern oder Kalkulationsprogrammen sollten Sie sich zwecks Papiereinsparung vorab informieren, ob das Programm über Möglichkeiten zum beidseitigen Drucken und eine Bildschirmvorschau besitzt. Lassen Sie diese Funktionen in Ihre Kaufentscheidung mit einfließen und geben Sie den Programmen einen Korb, die diese ökologisch notwendigen Funktionen nicht besitzen.

> *Achten Sie beim Kauf Ihrer Software darauf, daß diese standardmäßig beidseitig drucken können und eine Bildschirmvorschau besitzen.*

... häufige Updates

Ob ein Softwarehersteller von einem Produkt sehr häufig Updates herausbringt oder nicht, läßt sich über Bekannte und die Fachpresse erfahren. Immerhin macht die Softwareindustrie mit Updates 1/3 ihres Umsatzes und muß versuchen, durch neue Funktionen der Konkurrenz stets einen Schritt zuvorzukommen. Die durchschnittliche Wartezeit auf ein Update beträgt zur Zeit etwa 9 Monate. Wie wir wissen, kommt mit einen Update stets ein neues oder erweitertes Handbuch, ein kompletter neuer Diskettensatz und mindestens eine (Versand-)Verpackung auf uns zu. Fragen Sie ggf. bei Ihrem Händler oder beim Direktversender nach, ob der Hersteller Ihres Programms für häufige Updates bekannt ist und ob in kürzester Zeit ein neues Update ansteht. Ist letzteres der Fall, dann warten Sie, bis Sie die neue Version direkt beim Händler beziehen können - Sie sparen dadurch eine Update-Gebühr, ein zusätzliches Handbuch und einen neuen Diskettensatz.

Lesen Sie die Aktion im Kapitel 4.5 ... Disketten wiederverwenden oder "refreshen" nach und handeln Sie.

... auch gebraucht tuts

Nicht nur bei der Hardware, sondern auch bei der Software lohnt sich der Gebrauchtkauf - nicht nur für die Umwelt, sondern auch für Ihren Geldbeutel. Aufgrund der inzwischen recht häufigen Updatefolge der einzelnen Programme und den Möglichkeiten, auch von älteren Versionen eines Programms durch günstige Updatekonditionen auf die neueste Version zu springen, wird der Gebrauchtkauf zu einem lukrativen Geschäft. Das Argument, daß gebraucht gekaufte Software durch die Umschreibung der Registrierung mehr Arbeit macht als neu gekaufte, ist nicht richtig, denn auch bei neu gekaufter Software muß in der Regel eine Registrierungskarte eingeschickt werden. Ein weiteres, für viele sehr wichtiges Argument für den Neukauf von Software ist die Ästhetik: Schließlich sieht ein frisch eingeschweißter und noch nicht von Fingerabdrücken des Vorbesitzers betatschter Diskettensatz, ein noch jungfräuliches Handbuch und eine auf Hochglanzpapier gedruckte persönliche Registrierkarte besser aus und bringt ein Gefühl des persönlichen Programmpaketes herüber. Überlegen Sie sich Ihre persönliche Einstellung zu dieser Sache ...

Ein weiteres Argument gegen gebrauchte Software ist bei vielen Anwendern die Tatsache, daß sie meist für den gleichen Preis über Studenten- oder Schülerrabatte die neue Vollversion des Programms erhalten können. Dies ist zweifellos richtig, wenn man mit rein finanziellen Gesichtspunkten argumentiert, aber ökologisch ist es eindeutig sinnvoller, gebrauchte Software zu kaufen, denn jedes nicht gekaufte neue Programmpaket wirkt sich auf die Produktionszahlen beim Hersteller aus.

Bevor Sie sich auf den Weg zu Ihrem Händler machen oder Ihren Direktversender anrufen, um das gewünschte Programm zu bestellen, schauen Sie in die Tagespresse oder in spezielle Anzeigenblätter, ob das von Ihnen gesuchte oder ein vergleichbares Programm auch gebraucht angeboten wird. Passen Sie auf, daß Sie bei einem Kauf die Originaldiskette und das Originalhandbuch ausgehändigt bekommen und überprüfen Sie wenn möglich mit dem DOS-Kommando CHKDSK jede Originaldiskette auf Lesefehler.

... komplexe Programmpakete vs. Light-Versionen

In den letzten zwei bis drei Jahren hat die Softwarebranche versucht, vor allem Raubkopierer durch besonders niedrige Einsteigerpreise für Standardprogramme (die sogenannten Light-Versionen) vom illegalen Kopierpfad auf den legalen Softwareweg zu bringen. Nach zwei Jahren Erfahrung hat sich nun gezeigt, daß der ganz große Durchbruch mit Light-Software nicht zu machen war und wahrscheinlich nicht zu machen ist, denn für einen Raubkopierer ist die Software immer noch zu teuer, wenn sie seine Diskettenkosten übersteigt. Trotzdem haben Light-Versionen gegenüber den Vollversionen einen ökologisch positiven Aspekt, denn das Programm wird nur mit den Grundfunktionen ausgeliefert. Dies bedeutet, daß weniger Verpackung, weniger Disketten und auch weniger Handbuch hergestellt, transportiert und entsorgt werden müssen.

Die beiden Standardprogramme *Paradox-light* (von Borland) und *Quattro Pro-light* (ebenfalls von Borland) sind so gut wie ganz vom Markt verschwunden, einen neuen Versuch startet aber die Firma StarDivision mit ihrem Produkt *StarWriter compact*, einer Light-Version des großen StarWriters zum Preis von DM 239. Trotzdem wird bei vielen Softwareprodukten auch ohne das Wort *light* im Namen eine gegenüber der Vollversion kompaktere Programmversion angeboten, was man leicht am Verkaufspreis und an verschiedenen Namenszusätzen wie *Plus*, *Professional* oder *Deluxe* bei der Vollversion erkennen kann. Auch die höheren Programmiersprachen gibt es meist in mehreren verschiedenen Versionen, wobei private und professionelle Programmentwickler eigene Softwarepakete erwerben können, die in ihrem Umfang entsprechend den Anforderungen auch unterschiedlich komplex ausfallen. Hier lohnt es sich nachzufragen, was die genauen Unterschiede zwischen den beiden Versionen sind und ob für den notwendigen Einsatz des Programms auch die abgespeckte Version ausreicht.

Fragen Sie Ihren Händler oder Direktversender, ob es von Ihrem gewünschten Programm auch eine kompaktere (light-)Version gibt und wie sich diese von der Vollversion unterscheidet.

... Alternative: Public Domain & Shareware

Public Domain und Shareware haben sich in den letzten fünf Jahren neben der kommerziellen Software als eine Art Programmpool etabliert. Hier findet der Anwender neben der aus dem kommerziellen Sektor her bekannten Standardsoftware auch ausgefallenere Programme, deren kommerzielles Gegenstück man vergeblich sucht. Neben qualitativ guter Standardsoftware ist aber der Bereich Public Domain und Shareware besonders für Utilities bekannt, die sich nicht ohne weiteres kommerziell vermarkten lassen, da sie sich entweder nur an spezielle Anwendergruppen richten oder nur mit bestimmter Hardware zusammenarbeiten.

Für nahezu jedes Betriebssystem haben Public Domain und Shareware inzwischen Fuß gefaßt. Bei *Public Domain* handelt es sich um Software, die sich jeder frei und ganz legal kopieren und beliebig oft an Freunde oder Bekannte weitergeben kann. Die einzige Einschränkung ist, daß diese Software nicht kommerziell verwertet werden darf und der Name des Autors stets in Verbindung mit dem Programm weitergegeben werden sollte. Man kann Public Domain-Programme im privaten und beruflichen Bereich einsetzen. Dagegen handelt es sich bei der artverwandten *Shareware* um eine Art Prüf-vor-Kauf-Software, was bedeutet, daß der Anwender eine kostenlose, mit dem kompletten Funktionsumfang ausgestattete Prüfversion des Programms erhält, die aber in manchen Fällen hinsichtlich der zu bearbeitenden Daten beschränkt sind. Gefällt dem Anwender das Programm und er will es regelmäßig nutzen, dann sollte er sich beim Autor oder beim Shareware-Händler für dieses Programm registrieren lassen. Der Anwender erhält durch die Registrierung die Vollversion des Programms zusammen mit einem Handbuch auf Diskette oder ausgedruckt. Darüber hinaus wird man stets über ein Programmupdate informiert. Im Großen und Ganzen läuft die Registrierung und der Support wie im kommerziellen Bereich ab, nur mit der Ausnahme, daß hier entweder der Autor selbst oder der Shareware-Händler Ansprechpartner für den Anwender ist.

Die meisten PD- und Shareware-Händler fühlen sich inzwischen aufgrund der großen Konkurrenz zu hohen Qualitätsmaßstäben verpflichtet. Aus diesem Grund kann man davon ausgehen, daß jedes Programm, das sich im

Angebot eines seriösen Händlers befindet, vor der Aufnahme in das Sortiment auf Funktionstüchtigkeit und auf Vorhandensein einer Anleitung geprüft wurde. Auch der Virenschutz ist ein heikles Thema, mit dem sich der Händler beschäftigen muß. Zudem unterhalten seriöse Händler direkten Kontakt zu den Autoren der Programme, so daß ihnen stets die neueste Version zur Verfügung steht. Um diese Brücke zwischen Händler und Autor zur verstärken, gibt es in den USA die Autorenvereinigung *ASP*, die strenge Qualitätsanforderungen an Programme und an die Händler stellt. Für den deutschsprachigen Raum gibt es die *DS*, die *deutschsprachige Shareware Autoren & Händler Vereinigung*, die sich auch die Qualitätssicherung zum Ziele gesetzt hat. Die meisten PD- und Shareware-Händler sind mindestens Mitglied in einer dieser beiden Vereinigungen und können daher in der Regel als seriöse Händler angesehen werden.

Jede Woche kommen mehrere Duzend neue Programme im PD- und Sharewarebereich hinzu. Um die Übersicht zu behalten und gesuchte Programme schnell zu finden, verschicken viele Public Domain (PD) und Shareware-Händler sogenannte Katalogdisketten, auf denen sich - untergliedert in die einzelnen Sachgebiete Windows, Utilities, Programmieren, Spiele usw. - die lieferbaren Programme mit einer Kurzbeschreibung befinden. Verzichten Sie auf Kataloge, die auf Papier gedruckt und meistens auch in kürzeren Zeitabständen herausgegeben werden. Da Woche für Woche neue PD- und Shareware-Programme erscheinen, werden diese Kataloge alle 2 - 3 Monate aktualisiert. Zudem gibt es inzwischen eine solche

Unmenge von Programmen, daß man in diesen gedruckten Katalogen meist nur die Top-Programme und die Neuigkeiten erfährt. Entscheiden Sie sich daher unbedingt für einen Händler, bei dem Sie die alte Katalogdiskette einschicken und sich die aktualisierte Fassung kopieren lassen können. Sprechen Sie den Händler vor einer Bestellung auch darauf an, wie er die Disketten für den Versand verpackt. Nachfolgend finden Sie eine Auflistung der Kriterien, nach denen Sie Ihren Public Domain- und Shareware-Händler aussuchen sollten:

- Mehrweg-System für die Katalogdiskette
- Wahlmöglichkeit zwischen Neu- und *Refreshed*-Diskette
- Versand in mit kompostierfähigem Material gefüllten Umschlägen; bei Paketen soll mit BioPack ausgepolstert und mit naßklebendem Klebeband verschlossen werden
- Diskettenetiketten aus UWS- oder Recyclingpapier auf umweltfreundlicherem Kleber und Trägerpapier (siehe vup-Betriebe in Kapitel 4.5)
- Rechnung/Quittung und Diskettenetikett auf UWS- oder Recyclingpapier

Die Preise, die in der Regel für Shareware gezahlt werden müssen, bewegen sich in einem ganz anderen Rahmen wie vergleichbare kommerzielle Software und kosten meist auch nur einen Bruchteil davon. Allerdings läßt sich nicht verleugnen, daß Shareware in puncto Professionalität und Service nicht immer zu kommerzieller Software aufschließen kann, was aber auch nicht im Sinne von Shareware ist, denn es geht hierbei darum, den Programminhalt auf daß wirklich notwendige zu konzentrieren. Zudem gibt es bei Shareware keine so ausgeprägte Konkurrenzsituation wie im kommerziellen Softwarebereich.

Wenn Sie sich für die Vollversion eines Programms direkt beim Autor registrieren lassen, dann wird in der Regel ein ausgedrucktes Handbuch mitgeschickt. Als Anwender können Sie meist keinen Einfluß darauf ausüben, ob dieses Handbuch auf UWS- oder Recyclingpapier und doppelseitig gedruckt wird. Bei umfangreicheren Programmen und Anleitungen lohnt es sich daher, einen Preisnachlaß auszuhandeln und sich die Anleitung im ASCII-Format zusammen mit dem Programm auf Diskette zusenden zu lassen. Diese können Sie dann bei Bedarf auf Ihr eigenes UWS- oder Recyclingpapier und beidseitig ausdrucken lassen. Fragen Sie zudem beim Autor nach, ob Sie bei einem Update die alte Diskette an ihn einschicken und das Update auf diese Diskette überspielen lassen können. Dies sollte in der Regel möglich sein, denn gegenüber einem großen Softwarehaus hat man es beim Autor selbst meist mit wesentlich weniger Bürokratie zu tun.

Wenn Sie auf dem Public Domain oder Shareware-Sektor ein Programm gefunden haben, das seine Zwecke Ihren Wünschen entsprechend erfüllt, dann sollten Sie dieses dem kommerziellen Konkurrenten vorziehen, denn durch die direkte Vermarktung über den Autor des Programms entfallen Verwaltungs- und Produktionsstätten des Herstellers und die dabei anfallenden Umweltbelastungen.

Wenn Sie zudem in Besitz eines Modems oder eines Akkustikkopplers sind, dann haben Sie die Möglichkeit, ohne Handbuch, Diskette, Verpackung und unter Vermeidung jeglicher Transportenergie und Verpackung sich die neusten Programme aus diversen Mailboxen "herüberzuziehen". Die Ressourcen, die sich dabei durch Datenfernübertragung (DFÜ) einsparen lassen, kann man sich am Beispiel der deutschen Firma Pearl Agency, einem der weltweit größten Shareware-Vertreiber mit Sitz in Buggingen, verdeutlichen, denn diese Firma vertreibt bis zu 1,5 Millionen (!) PD- und Sharewareprogramme im Monat. Da aufgrund der Kostenfrage die meisten Kunden immer noch auf die PVC-haltigen 5,25"-Disketten bestehen, wird allein durch die Disketten die Umwelt stark belastet. Hinzu kommen noch Verpackung, Transportenergie durch den Versand und die üblichen Umweltbelastungen, die in Büro- und Verwaltungsgebäuden tagtäglich so anfallen.

Beim Kommunizieren mit einer Mailbox fallen neben den Anschaffungskosten des Modems (gute sind schon ab 300 DM zu haben) nur die reinen Telefonkosten an, die sich aber durch abendliches Kommunizieren nach 18 Uhr im Billigtarif auf ein Minimum reduzieren lassen. So kostet 1 Minute im Billigtarif

- in der Ortszone/Nahzone 2 Pfennige
- in der Regionalzone bis 50 km 12 Pfennige und in der
- Weitzone über 50 km 33 Pfennige.

Die Programme liegen in den Mailboxen in komprimierter Form vor (meist mit LHA-, ARJ- oder ZIP- komprimiert), so daß hierdurch die Übertragung beschleunigt wird. Bei Modems mit einer Übertragungsrate von 2400 Baud übertragen Sie in etwa 14 KB an Daten in einer Minute, was dekomprimiert zwischen 50 und 140 KB sein können. Holt man sich das Programm dabei aus einer Mailbox, die in der Nahzone liegt, dann schneidet man mit der Mailbox aus den oben genannten Gründen nicht nur umweltfreundlicher, sondern im Vergleich zum Händler auch wesentlich preisgünstiger ab.

Es gibt in der Bundesrepublik inzwischen eine ganze Menge von Mailboxen, auf die man grundsätzlich mit jedem Rechnertyp (IBM-kompatibel, Apple, Amiga usw.) zugreifen kann. Einige haben sich nur der reinen Kommunikation verschrieben, andere wiederum bieten dem Anwender die Möglichkeit, sich Programme aus der Mailbox zu holen und über Modem auf seinen Rechner zu Hause zu überspielen (man nennt diesen Vorgang auch *Download*). Fast alle Mailboxen geben dem Anrufer die Möglichkeit, sich in der Mailbox frei zu bewegen. Nur wenn man des öfteren aus der Mailbox Programme "absaugt", wird man von manchen Mailboxen darauf hingewiesen, daß man sich durch eine kleine Abgabe (etwa 3 DM/Monat) an den Unkosten zur Betreibung der Mailbox beteiligen sollte. Diese Unkosten stehen jedoch in keinem Verhältnis zum Nutzen, die eine Mailbox dem Anwender bieten kann.

Während unserer Recherchen zu diesem Buch ist uns besonders eine Mailbox aufgefallen, die sich unter dem

Namen MAUS in der Szene einen guten Namen gemacht hat. MAUS hat in 51 Städten der Bundesrepublik vor Ort eine oder mehrere eigene Mailboxen stehen, so daß die Möglichkeit, mit MAUS im Nah- oder Regionalbereich in Verbindung treten zu können, recht häufig gegeben ist. Wenn Sie sich für diese Mailbox interessieren, dann wählen Sie sich am Besten einmal in die Münchner MAUS-Mailbox unter der Nummer 089-1406018 ein, lassen sich dann durch Anwahl der Menüpunkte ??? die komplette Liste der MAUS-Mailboxen in Deutschland anzeigen und können dann die Ihrem Wohnort am nächsten gelegene MAUS anwählen.

Da eine Mailbox wie schon gesagt vom Rechnertyp selbst unabhängig ist, kann sie mit allen Rechnern kommunizieren und - je nach Engagement der Betreiber - auch für alle Rechner entsprechende Programme aus den Sparten Utilities, Textverarbeitung/Editor, Datenfernübertragung, Grafik, Business-Software, Spiel/Unterhaltung, Programmier-Tools oder Soundfiles anbieten. So unterstützt beispielsweise dieMAUS die Betriebssysteme CP/M, MS-DOS, ST TOS, Amiga, AppleMac, OS/2, Windows und Unix.

Aufgrund der weiten Verbreitung von Windows und MS-DOS sind diese Betriebssysteme natürlich stärker vertreten. Die Anzahl und die Art der für jeden Rechner verfügbaren Programme ist in jeder MAUS-Mailbox unterschiedlich, da lediglich die Mitteilungen von einem Anwender zum anderen zwischen den einzelnen MAUS-Mailboxen ausgetauscht werden, die Programme verwaltet jede MAUS vor Ort selbst. Die MAUS sieht sich selbst leider nur als Kommunikationssystem und nicht als Lieferant für billige Programme. Die Betreiber dieser Mailbox mögen mir daher verzeihen, wenn ich aufgrund der weiter oben dargelegten ökologischen Vorteile trotzdem auf ihre Mailbox verweise und so möglicherweise zu einem verstärkten Angebot an Programmen in der Mailbox animiere.

Kleinere Mailboxen wie die MAUS werden eher im privaten Rahmen betrieben, wobei die anfallenden Betriebskosten durch Mitgliedsbeiträge gedeckt werden. Will man auf eine größere Auswahl von Programmen zugreifen, möglicherweise noch direkt mit dem Autor des Programms über DFÜ in Kontakt treten, dann sollte man sich überlegen, ob man nicht in eine kommerziell betriebene Mailbox investieren sollte. So gibt es in der Schweiz eine kommerzielle PD- und Shareware-Mailbox, wo man für einem monatlichen Beitrag Software downloaden kann. Vor allem in den USA macht diese Art von Mailbox den PD- und Shareware-Händlern das Überleben schwer. Der Umwelt kann diese Entwicklung dagegen nur zugute kommen.

Die derzeit weltweit größte und auch bestorganisierte Mailbox wird von CompuServe angeboten. Das Dienstleistungsangebot von CompuServe erstreckt sich nicht nur auf den Zugriff auf Software (immerhin finden Sie hier jederzeit über 30.000 Programme!), sondern Sie können über die Einwahlknoten in München, Frankfurt, Hamburg und Düsseldorf je nach Ortslage zum Ortstarif Daten aus den USA abrufen, elektronische Briefe verschicken, sich die neuesten News aus den Nachrichtenagenturen herausziehen, Ihren Urlaub buchen, Ihre Bankgeschäfte erledigen und vieles andere mehr. Da CompuServe ein Dienstleistungsunternehmen ist, fallen natürlich im Gegensatz zu den privat betriebenen Mailboxen etwas höhere Gebühren an. Basisdienste (und dazu gehört beispielsweise das Überspielen von Programmen) kosten monatlich um die 15 DM. Hinzu kommen natürlich noch die Telefongebühren, die aber durch die günstig plazierten Einwahlknoten zum Teil recht niedrig ausfallen können.

Bevor Sie sich nach einem kommerziellen Programm umsehen, schauen Sie sich auf dem Public Domain- oder Shareware-Markt um, ob sich dort nicht vergleichbare Software finden läßt. Mailboxen sind hierbei die umweltverträglichste und in vielen Fällen auch die kostengünstigste Alternative.

4.3 Ökologische Entscheidungskriterien beim Kauf von Fachliteratur

Das Buch gilt an sich als natürliches und umweltfreundlich hergestelltes Produkt. Dies trifft im direkten Vergleich zu anderen Informationsträgern sicherlich zu, aber die Umweltfreundlichkeit eines Produktes hängt nicht nur von seiner Herstellung und Entsorgung ab, sondern auch von den Produktionszahlen. Ein natürliches Produkt wie ein Buch, bei dem Holz (später Altpapier) der Ausgangsstoff ist, bekommt in seiner Ökobilanz spätestens dann

Probleme, wenn durch Konsum das Produkt zu einer Massenware wird und in entsprechend großen Stückzahlen hergestellt werden muß. Da es sich um ein natürliches Produkt handelt, werden diese natürlichen Ressourcen entsprechend stark in Anspruch und - dank kapitalistischem Denken - auch in Kauf genommen. Die Folgen unseres Holzverbrauchs durch Papier sind schon seit längerem offensichtlich und die in Kapitel 3 gezeigten Ausführungen belegen dies. Es ist an der Zeit, auch im Blätterwald der Computerliteratur etwas zu tun.

... Notwendigkeit

Die Frage nach der Notwendigkeit stellt sich gerade bei der Computerliteratur in starken Maße. Ständig drängen neue Fachzeitschriften, Disketten-Magazine und Computerbuchverlage mit Magazinen und Büchern auf den Markt und belasten mit ihrer monatlichen Publizierung, dem Vertrieb und der Entsorgung die Umwelt in erheblichem Maße. Wie bei Hard- und Software ist auch hier der Drang eines jeden Anwenders nach Professionalität, Kompetenz und bestmöglicher Information die Triebfeder, die den Absatz der Verlage in die Höhe treibt.

Betrachtet man sich den Inhalt verschiedener *Zeitschriften* einmal genauer, dann wird jedoch meist recht schnell klar, daß die Informationen, die der Anwender wirklich benötigt, in allen Zeitschriften in der einen oder anderen Form zu finden sind. Es handelt sich hierbei um Hard- und Softwaretests, Ankündigungen von neuen Versionen, Buchbesprechungen und Einkaufsführer für den Direktversand.

Alle darüber hinaus gehenden Inhalte der Zeitschriften sind zusätzliche Informationen, die zweifellos das Interesse des Anwenders finden, aber weder zu seiner tagtäglichen Arbeit beitragen noch sonst irgendwie einen längerfristigen Nutzen besitzen. Das Bedürfnis nach aktuellen Informationen im Computerbereich ist verständlich. Allerdings lassen sich diese Informationen auch ökologisch sinnvoller einfahren, als daß jeder Anwender monatlich durchschnittlich zwischen 2 und 3 Fachzeitschriften konsumiert. Eine Alternative sind Lesegemeinschaften und öffentliche Büchereien (siehe weiter unten).

Abstand zu nehmen ist von *Fachzeitschriften mit Diskette* und von reinen *Disketten-Magazinen*. Beide Arten belasten durch meist unsinnige und vom Anwender in der Regel nur sehr selten gestartete Software die Umwelt. Wer billige Software sucht, kann dies ökologisch sinnvoller bei einem Public Domain- und Shareware-Händler tun oder über eine Mailbox downloaden, wie im Kapitel 4.2 ... *Alternative: Public Domain & Shareware* gezeigt. Aufgrund der immensen Diskettenverschwendung und der damit verbundenen erheblichen Steigerung der Stückzahlen bei der Herstellung sollte von Disketten-Magazinen und Fachzeitschriften mit Diskette konsequent Abstand genommen werden.

Auch bei *Computerbüchern* ist der Drang danach, eine HighTech-Maschine bestmöglich zu beherrschen und bestens informiert zu sein, ein Grund für die gesunde Marktlage der meisten Verlagshäuser. Doch besonders die Gruppe der Raubkopierer, die sich für ihre raubkopierten Programme einen entsprechenden kostengünstigen Handbuchersatz zulegen wollen, pushen die Auflagezahlen in die Höhe. Besonders die populären Computerbuchverlage bieten speziell für Raubkopierer konzipierte Handbücher an, was sich leicht daran erkennen läßt, daß sich in diesen Büchern (die unter dem schönen Namen Schnelleinstieg, für Einsteiger oder "Handbuch" angeboten werden) genau die Informationen wiederfinden, die man in einer anderen Konzeption auch im Handbuch wiederfindet, das man mit der Originalsoftware erwirbt. Die Verlage verdienen somit an der Illegalität. Das Bedürfnis von Raubkopierern nach Fachbüchern als Handbuchersatz ist verständlich. Allerdings lassen sich diese Informationen auch ökologisch sinnvoller in Erfahrung bringen, als daß jeder Raubkopierer für seine Programme ein Buch kauft. Ohne Wertung der Raubkopiererei an sich gibt es mit Lesegemeinschaften und öffentlichen Büchereien auch eine entsprechende Alternative (siehe weiter unten).

Der Ressourcenverbrauch, der durch Zeitschriften, Disketten-Magazine und Bücher betrieben wird, steht in keinem Verhältnis zu dem erzielten Nutzen. Beschränken Sie sich bei Ihrem Verbrauch an Fachliteratur so weit wie möglich auf jeweils eine Publikation und stellen Sie sich die Frage nach der Notwendigkeit. Nutzen Sie die unten angeführten Alternativen. Schreiben Sie an die Fachzeitschriften, die regelmäßig oder unregelmäßig Disketten zur Zeitschrift beilegen, und fordern Sie sie auf, dies aus ökologischen Gründen zukünftig zu unterlassen.

... Papier & Einband

Zur Zeit werden immer mehr Fachzeitschriften und Bücher auf chlorfrei gebleichtem Papier gedruckt. Daß es bei beiden Informationsträgern auch anders und auch in Farbe geht, zeigen beispielsweise die Zeitschriften *Greenpeace-Magazin* oder *Öko-Test* und das *Öko-Buchpaket* von Markt & Technik, die aus 100% Altpapier bestehen und trotzdem in größeren Auflagen hergestellt und zu einem attraktiven Preis angeboten werden können. Hier ist das alte Problem immer noch das schön-weiße Papier und die brillanten Farben in den Bildschirmabbildungen, Werbeanzeigen und Layouts in den Zeitschriften, die vom Leser meist nur einmal eines Blickes gewürdigt werden und dann im Zeitschriftenstapel in der Kommode oder im Altpapiercontainer verschwinden. Würde der Leser von Computerfachzeitschriften auch graues Papier und etwas gröbere Farbübergänge akzeptieren, dann wäre dies ein großer Schritt nach vorne, die riesigen Altpapierberge abzubauen und eine vernünftigere, da ökologisch verantwortbare Papierwirtschaft zu betreiben. Besonders bei Computerbüchern, die aufgrund der immer schneller werdenden Updatefolgen der Programme zu einem extrem kurzlebigen Gut werden, ist Recyclingpapier für die Herstellung ein ideales Material, da es die gute Reißfestigkeit von neuem Papier aufgrund der kurzen Lebensdauer des Buches nicht zu haben braucht.

> *Schreiben Sie an die Redaktionen Ihrer Fachzeitschriften und teilen Sie diesen mit, daß Sie deren Zeitschrift auch auf grauem UWS- oder Recyclingpapier kaufen und abonnieren würden. Schreiben Sie auch an die Computerbuchverlage und fordern Sie diese auf, ihr Buchsortiment nach und nach auf Recyclingpapier zu drucken.*

... Umfang & Diskette/CD-ROM zum Buch

Besonders über den *Umfang* versuchen die meisten Computerbuch- und Zeitschriftenverlage den Leser an Ihr Produkt heranzuführen, denn schließlich bieten sie ihm mehr Buch fürs Geld. Die Strategie geht auf: Literatur wird in Kilo, nicht nach Inhalt eingekauft, was bereits eine sehr große Naivität des Anwenders offenlegt, die von den Verlagen radikal ausgenutzt und in bare Münze verwandelt wird. Nur selten liefert ein dickes, ausschweifendes, meist nur auf einigen wenigen Ideen beruhendes und mit vielen unnützen Informationen vollgepacktes Buch mehr, als ein kompakt geschriebenes und gut strukturiertes Fachbuch. Achten Sie daher beim Kauf auf ein Buchkonzept, das Ihnen kompetent und auch gut lesbar erscheint und lassen Sie sich nicht von dem Umfang des Buches zum blinden Kauf verleiten.

Seit etwa vier Jahren gehen vor allem die beiden großen Computerbuchverlage *Markt & Technik* und *Data Becker* immer mehr dazu über, ihre Bücher (meist Bücher zu Standardsoftware) mit *Diskette zum Buch* auszuliefern. Auf diesen Disketten befinden sich meist Anwendungsbeispiele, die der Anwender auch selbst direkt aus dem Buch heraus in den Rechner eingeben kann. Dies erfordert natürlich mehr Zeit, als die fertige Datei von der Diskette zum Buch einzuladen - ein strategisch gut positionierter Werbetrick der Verlage, der einzig und allein auf der Bequemlichkeit des Anwenders beruht - eine Bequemlichkeit, für die die Umwelt aufkommen muß. Da für die Diskette zum Buch keine *Refreshed*- sondern Neudisketten verwendet werden, ist die ökologische Verantwortbarkeit von *Disketten zum Buch* nicht nur höchst fragwürdig, sondern nicht gegeben. CD-ROMs zum Buch schneiden aufgrund des Einweg-Charakters der CD unter ökologischen Gesichtspunkten noch schlechter ab. Erschwerend kommt noch hinzu, daß die Disketten/CD-ROMs in einer Kunststofftasche in das Buch eingeklebt werden.

Noch eklatanter sieht die ganze Sache bei den *Fachzeitschriften mit Diskette* und den *Disketten-Magazinen* aus. Da diese im Gegensatz zu Büchern meist jeden Monat erscheinen, wird so eine irre Menge von Disketten und Plastikfolie als Verpackung benötigt. Der Inhalt der Diskette, die den Fachzeitschriften beiliegt, ist in vielen Fällen eine Demoversion eines kommerziellen Programms, also eine Diskette, die nach einmaligem Ansehen der Demo in den ohnehin schon überquellenden Diskettenkasten wandert. Andere Fachzeitschriften liefern kleine Utilities, von denen der Anwender für sich selbst nur ein oder zwei verwerten kann. Noch krasser sieht es bei reinen *Disketten-Magazinen* aus, die in der Regel Ihre Software "spottbillig" aus dem Public Domain-Pool beziehen. Die in letzter Zeit aufkommenden CD-ROM-Magazine sind ökologisch gesehen am verwerflichsten, denn man erhält im Gegensatz zur Diskette ein Produkt, das sich nicht wieder beschreiben läßt.

Wenn Sie die Notwendigkeit für ein Buch erkannt haben, dann schauen Sie sich dessen Inhalt genau an und urteilen Sie nicht nach dem weit verbreiteten Motto "Das Buch ist ja soooo dick, da wird schon was drin sein, was ich brauche". Eine Diskette oder CD-ROM als Beilage zur Zeitschrift oder zum Buch ist in 99% aller Fälle nur Werbetrick und enthält nur Beispiele, die man unter entsprechendem Zeitaufwand auch aus dem Buch direkt in den Rechner eingeben kann. Disketten- oder CD-ROM-Magazine sollten wegen ihrer ökologisch nicht zu verantwortenden Umweltbelastungen boykottiert werden.

... Book-Sharing

Ein Weg, um die Auflagen von Büchern und Zeitschriften und somit die Umweltbelastungen zu reduzieren, liegt im *Book-Sharing*. Sprechen Sie sich mit Freunden und Bekannten ab, wer wann welches Buch oder eine Zeitschrift kauft. Je mehr Leute sich zu einem *Book-Sharing* zusammenschließen, umso höher ist der ökologische Nutzen einer solchen Lesegemeinschaft. Um die Nachfrage nach einzelnen Artikeln oder Themen zu vereinfachen, könnte ein Mitglied die Verwaltung der Bücher und Zeitschriften übernehmen, ein anderes den Einkauf usw. Dem Transport von einem Mitglied zum anderen kommt hierbei eine nicht unbedeutende Rolle zu, denn das Ausfahren von Büchern zu anderen Mitgliedern sollte nicht mit dem Auto, sondern falls möglich mit dem Fahrrad oder mit öffentlichen Verkehrsmitteln erfolgen. Soll zur Überwindung von größeren Strecken die Post dienen, dann sollte man sich in der entsprechenden Größe Holzkästen zusammenbasteln, die im Gegensatz zu Umschlägen wiederverwendbar sind. Damit eine Lesegemeinschaft funktioniert, muß man allerdings auch hier ein wenig persönliche Bequemlichkeit opfern.

... Alternative: Öffentliche Büchereien

Neben dem Book-Sharing ist die Alternative *Öffentliche Büchereien* die ökologisch sinnvollste Methode, sich über das Geschehen im Computermarkt zu informieren, denn eine Bücherei erreicht wesentlich mehr Leser für ein Exemplar, als dies bei einer Lesegemeinschaft der Fall ist. In den letzten zwei Jahren bemühen sich immer mehr öffentliche Büchereien, auch dem Computeranwender aktuelle Informationen in Form von mehreren Computerzeitschriften und ausführliche Fachliteratur anzubieten. Viele Büchereien lassen sich die Auswahl ihrer Bücher von Büchereiausstattern abnehmen, was nicht immer die beste Methode ist. Aus verständlichen Gründen können Büchereien allerdings keine Disketten/CD-ROM-Magazine aufnehmen. Da diese jedoch ohnehin ökologisch nicht tragbar sind, kann auf sie auch verzichtet werden.

Schauen Sie in Ihrer Bücherei nach, ob ein ausreichendes Angebot an Fachzeitschriften (ein oder zwei Zeitschriften pro Rechnertyp) und aktuelle Bücher vorhanden sind. Ist dies nicht der Fall, dann sprechen Sie in der Bücherei vor oder schreiben an Ihren (Ober-) Bürgermeister, der in der Regel die öffentlichen Büchereien kontrolliert, und tragen dort Ihre Vorschläge vor. Alle Büchereien nehmen von den Lesern gerne Buchvorschläge auf.

4.4 Vorhandene Wiederverwendungs- und Recyclingmöglichkeiten

Wir haben in diesem Buch bisher den Grundsatz "Vermeidung vor Recycling" beherzigt. Dies wird auch weiterhin so sein, denn es ist der langfristig einzige und zugleich auch begehbare Weg, um unsere Umwelt vor der Zerstörung zu retten. Wenn sich dagegen für Sie selbst unter Beachtung aller bisheriger Ausführungen beruflich eine Notwendigkeit ergibt, einen Rechner mit Peripherie anzuschaffen oder Sie bereits einen solchen besitzen - sei es privat oder beruflich - dann sollten Sie die derzeit angebotenen Wiederverwendungs- und Recyclingmöglichkeiten voll ausschöpfen - auch wenn dies manchmal Ihren Geldbeutel etwas mehr belastet, als dies bei einer Neuanschaffung der Fall ist. Denken Sie hierbei jedoch immer daran: Was Sie persönlich durch den Neukauf eines Gerätes oder eines Zubehörteils finanziell einsparen, zahlt letztendlich unsere Umwelt wieder drauf - und demnach auch Sie, allerdings nicht in finanzieller, sondern in gesundheitlicher Hinsicht. Treffen Sie für sich selbst die Entscheidung, ob Ihnen finanzieller Vorteil oder Gesundheit wichtiger ist.

... Farbbänder

Farbbänder für Matrixdrucker sind die wohl derzeit immer noch am häufigsten anzutreffenden EDV-Farbträger überhaupt. Schätzungen gehen davon aus, daß 1992 weit über 65 Millionen Farbbandkassetten in den normalen Hausmüll gelangten und von dort auf die Deponie oder in die Müllverbrennungsanlagen transportiert wurden, wodurch die für ihre Herstellung aufgebrachte Energie und die eingesetzten Rohstoffe für immer verloren sind. Es ist nicht nur ökologisch sinnvoller, sondern auch unbedingt notwendig, dieses Einwegprodukt durch Nachtränken des Farbbandes oder durch Wiederbefüllen des Farbbandgehäuses mit einem neuen Farbband zu einem Mehrwegprodukt umzugestalten und so nicht nur die Umweltbelastungen bei der Herstellung, sondern auch bei der Entsorgung von Farbbändern auf bis zu 1/20 der heutigen Menge zu reduzieren.

Grundsätzlich lassen sich die Farbbänder nahezu aller Matrixdrucker in irgendeiner Weise nachtränken oder wiederbefüllen, wobei das Gewebe der alten Farbbänder über den normalen Hausmüll entsorgt wird. Auf diese Weise bleibt das Gehäuse des Farbbandes erhalten und kann viele Male wiederverwendet werden. Zwar hält so ein Farbband lange und entlastet die Umwelt bei konsequenter Ausnutzung der Refill-Techniken entsprechend weniger, aber es hält eben nicht ewig, weswegen eine Wiederverwendung des Kunststoffgehäuses letztendlich nur einen Aufschub der Entsorgung bedeutet, die am Ende jedem Farbband zukommt. Die Gehäuse bestehen ausschließlich aus Kunststoff, meist ABS-Kunststoff, der zwar recycelfähig ist, aber aus dem sich keine neuen Farbbänder herstellen lassen, da der recycelte Kunststoff den Belastungen, denen ein Farbband beim Drucken ausgesetzt ist, nicht standhält. Neue Wege geht die Firma *Olivetti* mit ihrem *ecocart*. Bei diesen Farbbändern wird das Gehäuse aus Maisstärke hergestellt, wodurch die Entsorgung ganz einfach durch Kompostierung gelöst ist. Man sieht also auch hier, daß sich selbst Maisstärke für die Herstellung von Farbbandgehäusen eher eignet, als ein recycelter Kunststoff - es lebe die Natur. Leider werden die *ecocart* zur Zeit nur für Schreibmaschinen angeboten, aber die eingeschlagene Richtung stimmt und mehrere Druckerhersteller prüfen bereits, ob sich solche Farbbänder auch in Computerdruckern einsetzen lassen.

Der einzelne Anwender, der bereits einen Matrixdrucker besitzt oder es beruflich für notwendig erachtet, sich einen solchen anzuschaffen, sollte konsequent die Möglichkeiten des Nachtränkens oder des Wiederbefüllens (auch *Refill* genannt) nutzen. Es gibt inzwischen schon sehr viele Firmen, die einen solchen Farbband-Service anbieten. Viele Service-Unternehmen bieten einem Neukunden eine Gratis-Nachfüllung für ein Farbband an, damit dieser sich von der Qualität eines refillten Farbbandes überzeugen kann. Da die Maschine zum Einspannen eines neuen Farbbands in das Gehäuse für jeden neuen Farbbandtyp neu eingestellt werden muß, refillen manche Service-Unternehmen erst ab einer bestimmten Mindestmenge, die je nach Unternehmen zwischen 5 und 10 Farbbändern liegt. Sollten Sie sich für ein solches Unternehmen entscheiden, dann lohnt es sich, zusammen mit ein paar Bekannten den Service dieser Firmen in Anspruch zu nehmen, zudem man auf diese Weise auch Verpackung einspart. Andere, meist kleinere aber trotzdem der Qualität verpflichtete Service-Unternehmen bearbeiten aber auch einzelne Farbbänder. Wenn Sie sich auf die Suche nach einem für Sie geeigneten Service-Unternehmen machen, dann sollten Sie bei Ihrer Auswahl einige Punkte berücksichtigen:

- einzelne Farbbänder sollten in der Originalverpackung und -folie an den Recycler geschickt und wieder zurückgeschickt werden können
- nicht mehr befüllbare Farbbänder sollten vom Recycler kostenlos und umweltgerecht entsorgt, wenn möglich wiederverwertet werden
- achten Sie darauf, daß der Recycler nur hochwertiges HD (*High Density*) Farbband verwendet
- lassen Sie sich eine Funktionsgarantie auf refillte Farbbänder geben
- Farbbandkassetten sollten beim Refillen nicht geöffnet, sondern das Band sollte bei verschlossenem Bandgehäuse eingezogen und die Naht beispielsweise mit Ultraschall neu verschweißt werden

Nachfolgend aufgelistete Firmen haben uns bei der Erstellung des Buches mit Informationen unterstützt und entsprechen den oben gestellten Anforderungen (in Klammern hinter dem Firmennamen finden Sie die Mindestmenge):

Farbband-Recycling Rösler (5)
In der Meisbach
6682 Ottweiler

Edv-BV GmbH (auch einzeln)
Wernberger Straße 44
8473 Pfreimd

RETOUR recycling produkte (auch einzeln)
Olaf Klement
Hollenstraße 143
2161 Hollern

Bues + Galle GmbH (nur größere Mengen)
Kirchweg 13
3387 Vienenburg

Com-Computer Service GmbH (auch einzeln)
Am Zollstock 7
3549 Twistetal 1

GeMUt e.V. - Umweltbüro (auch einzeln)
Uferstraße 4
3550 Marburg

Manche Service-Unternehmen erfüllen die Anforderungen des *Deutschen Instituts für Gütesicherung und Kennzeichnung e.V.* (RAL) und dürfen daher den *Blauen Engel* auf den recycelten Farbbändern und auf ihren Prospekten führen. Die Anforderungen des Blauen Engel finden Sie in dem nachfolgenden Auszug aus "Produktanforderungen, Zeichenanwender und Produkte" des RAL:

Mehrfach verwendbare Farbbandkassetten und Toner-Kartuschen

RAL-UZ 55a

Einführung

Für moderne Schreibmaschinen und -automaten sowie Druckwerke werden Farbbandkassetten mit Karbon- bzw. Gewebebändern eingesetzt. Ebenso wie bei den Toner-Kartuschen für Kopiergeräte und den Farbbandkassetten im EDV-Bereich handelt es sich hierbei fast ausschließlich um Einweg-Produkte. Aufgrund dieses Einweg-Charakters gelangt eine bedeutende Menge an Kunststoffabfällen in den Hausmüll und damit auf die Deponien bzw. in die Müllverbrennungsanlagen.

Durch die Vergabe des Umweltzeichens an mehrfach verwendbare Farbbandkassetten und Toner-Kartuschen soll eine Reduzierung der Abfallmenge in diesem Produktbereich erzielt werden.

Anforderungen

Mit dem abgebildeten Umweltzeichen können

1. mehrfach verwendbare Farbbandkassetten für Schreibmaschinen und Drucker mit Carbon- bzw. Gewebefarbbändern,

2. wiederbefüllbare Toner-Behälter aus Kunststoff für Kopiergeräte und Drucker gekennzeichnet werden, sofern diese den folgenden Anforderungen entsprechen:

- Farbbandkassetten (Basiskassetten) mit Carbon-Bändern für Schreibmaschinen und Drucker müssen durch abfallvermeidende Nachfülleinheiten mindestens 10 Mal nutzbar sein.

- Die Kapazität der Farbbandkassetten für Schreibmaschinen mit Gewebebändern muß mehr als 2 Mio. Zeichen betragen.

- Mehrfach verwendbare Farbbandkassetten mit Gewebefarbbändern für Drucker, die nicht der DIN 2103 entsprechen, müssen durch eine Regenerierung oder Wiederbefüllung in der Regel 5 Mal nutzbar sein.

- Die wiederbefüllte Einheit mit Tonerbehälter, Entwickler und Bildtrommel für Kopiergeräte und Drucker muß durch weitere Wiederbefüllungen in der Regel 5 Mal nutzbar sein. Die Anzahl der Kopien/Drucke pro befüllt Einheit muß mindestens 3000 Kopien/Drucke (DIN A4) - bei einer mittleren Kontrasteinstellung des Kopiergerätes und bei einem Schwarzanteil der Kopie/des Drucks von 6% - betragen.

- Es dürfen keine cadmierten Kassetten- bzw. Kartuschen-Teile eingesetzt werden.

- Wiederbefüllbare Produkte sind mit einer deutlich lesbaren Aufschrift als solche entsprechend zu kennzeichnen.

- Die unter Abschnitt 2.1 genannten Produkte müssen hinsichtlich der Gebrauchstauglichkeit der DIN 2128 Teil 1 bzw. Teil 3 bzw. der DIN 2103 entsprechen.

- Toner-Rückstände sind durch den Wiederbefüller staubdicht verschlossen einer Müllverbrennungsanlage zuzuführen.

Verzeichnis der Zeichenanwender und Produkte (Stand: Oktober 1991)

- **AEG Olympia Office GmbH**
  Postfach 9 60
  2940 Wilhelmshaven

  Öko² - Nachladbare Farbbandkassette AEG Olympia Refilleinheit LP 60

- **Berolina Schriftbild Wilcke,**
  Wolff, Busch & Partner KG
  Kaiser-Wilhelm-Straße 17
  1000 Berlin 46

  Berolina Boss-System, Farbbandkassetten für verschiedene Maschinen-Typen Berolina Boss-System, Toner-Kartuschen für verschiedene Maschinen-Typen

- **Die Laserprinter Dipl.Kfm. Till Bottler**
  Langenfelder Straße 129
  5600 Wuppertal 22

  EP-/EPS-/EPL-Recycling-Tonerkartusche, FC-Recycling-Tonerkartusche, PC-Recycling-Tonerkartusche

- **Bues + Galle GmbH**
  Kirchweg 13
  3387 Vienenburg

  b + g refill + recycle Toner-Kartuschen für verschiedene Typenbezeichnungen, b + g refill + recycle Farbbandkassetten mit Gewebeband für verschiedene Typenbezeichnungen

- **Com-Computer Service GmbH**
  Am Zollstock 7
  3549 Twistetal 1

  C.O.M. Farbbandkassetten, Art.Nr. 77001 - 77113; C.O.M. Toner-Kartuschen, Art.Nr. 77701 - 77704; C.O.M. Full-Service-Farbbandkassetten

- **Edv-BV GmbH**
  Wernberger Straße 44
  8473 Pfreimd

  Farbbandkassetten mit Gewebeband, Tonerkartuschen

- **Farbax GmbH**
  Alemannenstraße 3
  7892 Albbruck 2

  Farbax Refill-Service-Tonerkartuschen

- **Laser Care Modul - Recycling GmbH**
  Danziger Straße 8
  7110 Öhringen

  Service-Modul, EP-Modul Toner-Kartusche; Service-Modul, EPS-Modul Toner-Kartusche; Service-Modul, PC-Modul Toner-Kartusche; Service-Modul, FC-Modul Toner-Kartusche; Service-Modul, EPL-Modul Toner-Kartusche

- **Laser Gold (Deutschland) GmbH i.G.**
  Weißenfelderstraße 1-3
  8011 Parsdorf

  Laser Gold System 40 Tonerkartuschen für verschiedene Typenbezeichnungen

- **Tausch & Simon KG**
  Liebenzeller Straße 5
  7000 Stuttgart 50

  T + S Toner-Recycling für EP-, EPS- und EPL-Tonerkartuschen

- **TBS Printware GmbH**
  Poleigrund 14-20
  1000 Berlin 49

  TBS Tonerkartuschen, TBS Farbbandkassetten

- **TA Triumph Adler AG**
  Fürther Straße 212
  8500 Nürnberg 80

  TA Nachladbare Farbbandkassette, TA Farbbandkassette Nylon mit Nachtränksystem

- **Universal Cartridge GmbH**
  Alpenstraße 12a
  8000 München 90

  Laserdrucker-Tonerkartuschen Typ: CX-EP undSX-EPS

- **Walther Electronic-Systeme GmbH**
  Karlstraße 70
  7929 Gerstetten

  Walther-Farbbandkassetten mit Carbon-Band Typ EC 90/MCS 90

Weitere Adressen haben wir dem *Alternativen Branchenbuch* des ALTOP-Verlages entnommen. So bieten folgende Service-Firmen ein Farbband-Recycling an. Inwieweit diese den weiter oben gestellten Anforderungen entsprechen, konnte nicht nachgeprüft werden.

- **PULS Werbeagentur**
  Stresemannstraße 74
  1000 Berlin 61

  MAC INKER - zum Einfärben von Farbbändern, REFILL von verbrauchten Farbbändern

- **Büromarkt Hansen KG - Büro + Computer**
  Schulterblatt 7-9
  2000 Hamburg 36

- **RETOUR recycling produkte Olaf Klement**
  Hollenstraße 143
  2161 Hollern

  Drucker-Farbband-Recycling und -Entsorgung, Laserdrucker-Toner-Recycling

- **Impex Büroartikel GmbH**
  Tonndeichstraße 22
  2940 Wilhelmshaven

- **GeMUt e.V. - Umweltbüro**
  Uferstraße 4
  3550 Marburg

  Farbbandrecycling für Drucker- und Schreibmaschinenfarbbänder zur Hälfte des Neupreises; Recycling von Kartuschen für Laser- und Tintenstrahldrucker für ca. 70%

- **ReTape**
  Obernstraße 1
  4804 Versmold 5

- **Carbotex**
  Linderhauser Straße 77-79
  5600 Wuppertal 2

- **B. Hepp Kopierbedarf**
  Boseweg 9
  6000 Frankfurt/M 71

- **Cobit Hard- und Software GmbH**
  Hanauer Straße 53
  6052 Mühlheim/Main

- **Stratos**
  Postfach 1143
  6106 Erzhausen

- **EDV-Zubehör Hait**
  Lessingstraße 25
  6204 Taunusstein 1

- **JCM Informatik GmbH**
  Waldstraße 26
  6390 Usingen 1

- **Bernhard Sesterheim GmbH**
  Hauptstraße 63
  6589 Schwollen

- **Farbband-Recycling Rösler**
  In der Meisbach
  6682 Ottweiler

- **Bernd Loew Industrieservice**
  Friedrichstraße 53
  6730 Neustadt/Wstr.

- **WAF**
  Leidenweg 3
  6977 Werbach

  Wiederaufarbeitung von Farbbändern

- **CCC**
  Werner Schienle
  Filderbahnstraße 12
  7000 Stuttgart 80

- **amort Farbband-Recycling**
  St.-Gebhard-Platz 30
  7750 Konstanz

- **Brigitte Fehr EDV-Recycling**
  Wigersheimerstraße 11
  7801 Umkirch

- **S&R Ingenieurbüro**
  Kirchgasse 1
  7901 Ballendorf

- **Recycling-Partner**
  Adelgundenstraße 22
  8000 München 22

- **Weitl Bürotechnik GmbH**
  Stuttgarter Straße 7
  8000 München 40

- **Elintech GmbH**
  Am Schnepfenweg 41
  8000 München 50

- **EDS Vertriebs GmbH**
  Bahnhofsplatz 3
  8024 Oberhaching

- **Wiegand & Partner GmbH**
  Estostraße 37
  8037 Olching 2

- **Peter Reckling**
  Laserkartuschen-Recycling
  Weißkreuzstraße 10
  8224 Chieming

- **E. Kainz - Umweltbüro**
  Sudetenplatz 3
  8228 Freilassing

- **Keller & Co GmbH**
  Postfach 5
  8261 Schönberg

Farbbandrecycling

- **M. Wycislok Recycling-Service**
  Zellerstraße 9
  8700 Würzburg

- **Christian Leiter**
  Oberer Graben 53
  8900 Augsburg

- **Filltech Ingenieurbüro Kising**
  Hauptstraße 10
  8931 Walkertshofen

  Befüller und Entsorger von Tonerkartuschen, Tintenpatronen, Farbbändern

- **Pelikan Vertriebsgesellschaft mbH & Co KG**
  Postfach 103
  3000 Hannover 1

Lassen Sie Ihre Farbbänder konsequent Wiederbefüllen oder Nachtränken. Manche Druckerhersteller arbeiten an einem Rücknahmesystem für Farbbänder oder haben dieses bereits in den Markt eingeführt. Vergleichen Sie das Angebot der Hersteller mit dem Angebot der Refiller. Manche Hersteller refillen Farbbänder nicht, sondern schmelzen diese lediglich ein - ein billiger und auch bequemer Vorgang, aber die Umwelt zahlt drauf. In der Regel ist es so, daß die privaten Refiller über eine längere und größere Erfahrung verfügen, als einzelne Druckerhersteller.

... Tonerkartuschen

Keine Frage - Tonerkartuschen für Laserdrucker sind weiter im Kommen. Es gibt Schätzungen, bei denen von rund 3 Millionen Tonerkartuschen die Rede ist, die jedes Jahr auf dem Müll landen, wodurch die für deren Herstellung aufgebrachte Energie und die eingesetzten Rohstoffe für immer verloren sind. Es ist nicht nur ökologisch sinnvoller sondern auch unbedingt notwendig, dieses Einwegprodukt durch Wiederbefüllen der Tonerkartusche und Auswechseln beschädigter Teile zu einem Mehrwegprodukt umzugestalten und so nicht nur die Umweltbelastungen bei der Herstellung sondern auch bei der Entsorgung von Tonerkartuschen auf bis zu 1/10 der heutigen Menge zu reduzieren.

Grundsätzlich lassen sich die Tonerkartuschen nahezu aller Laserdrucker in irgendeiner Weise Wiederbefüllen, wobei der Resttoner in Müllverbrennungsanlagen verbrannt wird. Auf diese Weise bleibt die Kartusche selbst erhalten und kann viele Male wiederverwendet werden. Zwar hält so eine Kartusche lange und entlastet die Umwelt bei konsequenter Ausnutzung der Refill-Techniken entsprechend weniger, aber sie hält eben nicht ewig, weswegen eine Wiederverwendung des Gehäuses letztendlich nur einen Aufschub der Entsorgung bedeutet, die am Ende jeder Kartusche zukommt. Die Gehäuse bestehen aus mehreren Materialien, von denen PVC und ABS-Kunststoff über 60% ausmachen. Neue und revolutionäre Wege geht die Firma *Olivetti*. Dieser Hersteller bietet Laserkartuschen aus "Mater Bi" an, einem Material, das aus der Maispflanze gewonnen und auch schon für die *ecocarts* von Olivetti verwendet wird. Mater Bi ist vollständig und in kurzer Zeit biologisch abbaubar und kann ohne größere Qualitätsverluste mehrmals recycelt werden. Bei intensiver Befeuchtung des Materials zerfällt Mater Bi in Erde zu Kohlenstoff und Wasser. Trotzdem haben wir es hier mit einem bruchsicheren Material zu tun, das sich sicherlich nicht nur für Farbbandkassetten und Tonerkartuschen eignet.

So positiv sich diese natürlichen und nachwachsenden Kunststoffe auf den ersten Blick darstellen, so muß man auch unverhohlen die möglichen Schattenseiten dieser Alternativen sehen, wie zum Beispiel den Zusatz von bis zu 40% an Additiven. Sollten diese Kunststoff-Ersatzstoffe die herkömmlichen Kunststoffe bei unvermindertem, möglicherweise noch steigendem Verbrauch verdrängen, dann ist damit zu rechnen, daß bei Rohstoffen, die aus der Pflanze gewonnen werden (wie auch bei Mater Bi der Fall), eine wesentlich intensivierte Landwirtschaft die Folge sein wird. So wird zum Beispiel für eben jenes Mater Bi der Rohstoff Stärke aus der Maispflanze gewonnen, einer Pflanze, die den Boden radikal auslaugt und mit herkömmlichen Methoden - das heißt mit viel Dünger und Pestizideinsatz - angebaut wird. Zwar stehen uns in Europa aufgrund des intensivierten Lebensmittelanbaus Unmengen an brachliegenden Äckern zur Verfügung. Aber diese Äcker sollten nicht durch Anpflanzung von Monokulturen ausgelaugt und überdüngt werden, sondern werden in einigen Jahren gebraucht, wenn wir den Weg weg von der Intensivlandschaft hin zur ökologischen dynamischen Landwirtschaft begehen, einer Anbauform, die wieder mehr Anbaufläche benötigt.

Doch nicht nur eine wiederaufkeimende Intensivierung des Rohstoffanbaus, in diesem Fall also die Pflanze, ist eine nicht zu unterschätzende Gefahr. Gerade die in jüngster Zeit immer häufiger ins Gerade gekommenen durch Gentechnologie auf Höchstleistung getrimmte Pflanzen stellen ein bislang noch garnicht abzuschätzendes Gefahrenpotential für den Menschen dar. Keiner weiß zur Zeit, wie sich genmanipulierte Pflanzen auf den Menschen langfristig auswirken können. Es kann daher nur den Weg des eingeschränkten Rohstoffverbrauchs geben. Das Refillen von Farbträgern kann hierbei einen Beitrag leisten.

Der einzelne Anwender, der bereits einen Laserdrucker besitzt oder es beruflich für notwendig erachtet, sich einen solchen anzuschaffen, sollte konsequent die Möglichkeiten des Wiederbefüllens (auch Refill genannt) nutzen. Es gibt inzwischen schon sehr viele Firmen, die einen solchen Refill-Service anbieten. Viele Service-Unternehmen bieten einem Neukunden über einen Gutschein einen Anreiz für ein Refill an, damit dieser sich von der Qualität einer wiederbefüllten Tonerkartusche überzeugen kann. Anders als bei Farbbändern nehmen die meisten Unternehmen auch einzelne Tonerkartuschen zum Refillen an. Wenn Sie sich auf die Suche nach einem für Sie geeigneten Service-Unternehmen machen, dann sollten Sie bei Ihrer Auswahl einige Punkte berücksichtigen:

- die Tonerkartusche sollte in der Originalverpackung und -folie an den Recycler geschickt und wieder zurückgeschickt werden können
- nicht mehr befüllbare Tonerkartuschen sollten vom Recycler kostenlos und umweltgerecht entsorgt, wenn möglich wiederverwertet werden
- achten Sie darauf, daß der Recycler nur hochwertiges Tonermaterial verwendet

- lassen Sie sich eine Funktionsgarantie auf refillte Tonerkartuschen geben
- die Anzahl von Refills Ihrer Kartusche sollte durch ein LONGLIFE-Verfahren erhöht werden können

Nachfolgend aufgelistete Firmen haben uns bei der Erstellung des Buches mit Informationen unterstützt und entsprechen den oben gestellten Anforderungen:

- **Edv-BV GmbH**
  Wernberger Straße 44
  8473 Pfreimd

- **RETOUR recycling produkte**
  Olaf Klement
  Hollenstraße 143
  2161 Hollern

- **Bues + Galle GmbH** (nur größere Mengen)
  Kirchweg 13
  3387 Vienenburg

- **Com-Computer Service GmbH**
  Am Zollstock 7
  3549 Twistetal 1

- **GeMUt e.V. - Umweltbüro**
  Uferstraße 4
  3550 Marburg

- **Toner*Aktiv**
  Dipl.Ing. V. Schmidtgen

Gartenstraße 1
6450 Hanau 7

- **Universal Cartridge GmbH**
  Alpenstraße 12a
  8000 München 90

- **Die Laserprinter Dipl.Kfm. Till Bottler**
  Langenfelder Straße 129
  5600 Wuppertal 22

Manche Service-Unternehmen erfüllen die Anforderungen des *Deutschen Instituts für Gütesicherung und Kennzeichnung e.V.* (RAL) und dürfen daher den *Blauen Engel* auf den refillten Tonerkartuschen und auf ihren Prospekten führen. Die Anforderungen und Adressen des Blauen Engels finden Sie zusammen mit vielen weiteren Service-Unternehmen im Kapitel ... *Farbbänder.*

Lassen Sie Ihre Tonerkartuschen konsequent Wiederbefüllen und Nachtränken. Manche Druckerhersteller arbeiten an einem Rücknahmesystem für Tonerkartuschen oder haben dieses bereits in den Markt eingeführt. Vergleichen Sie das Angebot der Hersteller mit dem der Refiller. Manche Hersteller refillen Tonerkartuschen nicht, sondern schmelzen sie lediglich ein - ein billiger und bequemer Vorgang, aber die Umwelt zahlt drauf. In der Regel ist es so, daß die privaten Refiller über eine längere und größere Erfahrung verfügen, als einzelne Druckerhersteller

... Tintenpatronen

Tintenstrahldrucker haben 1992 aufgrund der Marketingstrategie von Hewlett-Packard kräftig durchgestartet. Es gibt zur Zeit noch keine Schätzungen, wieviele Tintenpatronen aus Computerdruckern in den normalen Hausmüll gelangen, wodurch die für deren Herstellung aufgebrachte Energie und die eingesetzten Rohstoffe für immer verloren sind. Es ist nicht nur ökologisch sinnvoller sondern auch unbedingt notwendig, dieses Einwegprodukt durch Wiederbefüllen der Tintenpatrone zu einem Mehrwegprodukt umzugestalten und so nicht nur die Umweltbelastungen bei der Herstellung sondern auch bei der Entsorgung von Tintenpatronen auf bis zu 1/10 und weniger der heutigen Menge zu reduzieren.

Grundsätzlich lassen sich die Tintenpatronen von den meisten Tintenstrahldruckern in irgendeiner Weise wiederbefüllen. Auf diese Weise bleibt die Patrone selbst erhalten und kann viele Male wiederverwendet werden. Zwar hält so eine Patrone lange und entlastet die Umwelt bei konsequenter Ausnutzung der Refill-Techniken entsprechend weniger, aber sie hält eben nicht ewig, weswegen eine Wiederverwendung der Patrone letztendlich nur einen Aufschub der Entsorgung bedeutet, die am Ende jeder Kartusche zukommt. Die Patrone besteht aus mehreren Kunststoffen, da sie in der Regel mit dem Druckkopf selbst eine Einheit bildet und daher nur durch Einschmelzen recycelt werden kann.

Der einzelne Anwender, der bereits einen Tintenstrahldrucker besitzt oder es beruflich für notwendig erachtet, sich einen solchen anzuschaffen, sollte konsequent die Möglichkeiten des Wiederbefüllens (auch *Refill* genannt) nutzen. Es gibt inzwischen schon sehr viele Firmen, die einen solchen Refill-Service anbieten. Anders als bei Farbbändern und Tonerkartuschen empfehlen die meisten Unternehmen ihren Kunden jedoch, die Tintenpatronen selbst zu refillen, und verkaufen entsprechende Refill-Kits. Solche Refill-Kits bestehen in der Regel aus bereits aufgezogenen Einweg-Spritzen, Tinte in einer Flasche und einer entsprechenden Anzahl Leerspritzen oder einer zusätzlichen Leerpatrone. Da der Kunde das Refillen selbst vornimmt, kommt es bei der Lieferung der Refill-Sets zu einem größeren Müllaufkommen durch die Einweg-Spritzen und mitgelieferte Einweg-Handschuhe.

Alternativ kann der Kunde seine Patronen auch vom Service-Unternehmen auffüllen und reinigen lassen. Da jedoch bei den Refillern meist die gleichen Refill-Kits benutzt werden, wie sie auch der Kunde kaufen kann, wird hier nicht viel Müll eingespart und man muß noch die erhöhten Transportaufwendungen hinzurechnen. Zwar kann durch die regelmäßige Reinigung der Tintenpatrone durch den Refiller diese öfters wiederverwendet werden als bei einem herkömmlichen Auffüllen der Tinte durch den Kunden selbst. Dieses Reinigen beschränkt sich jedoch in der Regel auf die Düsen des Druckkopfes, was der Kunde auch selbst vornehmen kann, indem er den Druckkopf mit der leeren Patrone in ein warmes Wasserbad legt oder auf ein mit Weingeist getränktes Tuch legt.

Besonders bei den Tintenstrahldruckern von der Firma Hewlett-Packard kann man als Anwender bereits beim

Neukauf der Tintenpatrone direkt ersehen, wie oft diese problemlos wiederbefüllt werden kann. Angeboten werden hier Tintenpatronen mit einfachem und doppeltem Tintentank. Erstere saugt die Tinte mittels eines Schwammes auf, der nach einigen Refill-Vorgängen aufgrund der diversen Zusätze in der Tinte aushärtet, damit seine Saugeigenschaften verliert und nicht mehr zu verwenden ist. Dagegen arbeitet der Druckkopf mit doppeltem Tank nach einem Unterdruck-System, das keinen Schwamm benötigt. Hier kann bei entsprechender Reinigung die Patrone wesentlich öfter nachgefüllt werden. Entsprechend Refill-Kits werden auch für diesen doppelten Tank angeboten.

Wenn Sie sich auf die Suche nach einem für Sie geeigneten Service-Unternehmen machen, dann sollten Sie bei Ihrer Auswahl einige Punkte berücksichtigen:

- einzelne Tintenpatronen sollten in der Originalverpackung und -folie an den Recycler geschickt und wieder zurückgeschickt werden können
- das Refill-Kit sollte in einer aus 100% (recycelter) Pappe bestehenden Verpackung geliefert werden
- nicht mehr befüllbare Tintenpatronen sollten vom Recycler kostenlos und umweltgerecht entsorgt, wenn möglich wiederverwertet werden
- lassen Sie sich eine Funktionsgarantie auf refillte Tintenpatronen geben
- die Spritzen und Tintenbehälter sollten vom Refiller gereinigt zurückgenommen werden

Nachfolgend aufgelistete Firmen haben uns bei der Erstellung des Buches mit Informationen unterstützt und entsprechen den oben gestellten Anforderungen:

- **Edv-BV GmbH**
  Wernberger Straße 44
  8473 Pfreimd

- **Bues + Galle GmbH (nur größere Mengen)**
  Kirchweg 13
  3387 Vienenburg

- **Com-Computer Service GmbH**
  Am Zollstock 7
  3549 Twistetal 1

- **Brigitte Fehr EDV-Recycling**
  Wigersheimerstraße 11
  7801 Umkirch

Im Gegensatz zu Farbbändern und Tonerkartuschen gibt es für Tintenpatronen noch keinen *Blauen Engel* des *Deutschen Instituts für Gütesicherung und Kennzeichnung e.V.* (RAL). Weitere Adressen zu Service-Unternehmen, die Tintenpatronen refillen oder Refill-Kits anbieten, finden Sie auch im Kapitel ... *Farbbänder.*

Lassen Sie Ihre Tintenpatronen konsequent Wiederbefüllen oder Nachtränken. Manche Druckerhersteller arbeiten an einem Rücknahmesystem für Tintenpatronen oder haben dieses bereits in den Markt eingeführt. Vergleichen Sie das Angebot der Hersteller mit dem Angebot der Refiller. Manche Hersteller refillen Tintenpatronen nicht, sondern schmelzen sie lediglich ein - ein billiger und auch bequemer Vorgang, aber die Umwelt zahlt drauf. In der Regel ist es so, daß die privaten Refiller über eine längere und größere Erfahrung verfügen, als einzelne Druckerhersteller.

... Bücher & Zeitschriften

Bücher und Zeitschriften lassen sich ohne Probleme über Altpapiercontainer entsorgen.

Aufgrund der riesigen Altpapierberge sollten Sie Ihren persönlichen Papierbedarf in allen Lebensbereichen auf das Notwendige reduzieren. Bücher und Zeitschriften können durch Beteiligung am Book-Sharing oder durch Einsehen in öffentlichen Büchereien intensiver genutzt werden.

... Disketten

Disketten können im eigenen Haushalt zur Speicherung von neuen Daten direkt wiederverwendet werden. Aufgrund der Diskettenschwemme ist dies jedoch in der Regel nicht mehr möglich und überflüssige Disketten stapeln sich vor allem im gewerblichen Bereich. Senden Sie daher wenn möglich bei einem Programm-Update den kompletten Diskettensatz zurück an den Softwarehersteller, damit dieser die Disketten *refreshen* und wiederverwenden kann. Näheres über Refreshed-Disketten lesen Sie bitte in dem Kapitel 4.5 *... Disketten wiederverwenden oder "refreshen"* nach.

... (Um-)Verpackungen

Umverpackungen bestehen in der Regel aus Kunststoff (PE oder PP) oder Papier/Pappe und können seit Anfang 1992 an den Händler zurückgegeben, Verkaufsverpackungen über den Grünen Punkt entsorgt werden. Aus Gründen der Verpackungsvermeidung sollten Sie grundsätzlich auf Produkte achten, die keine Umverpackung und so wenig Verpackung wie möglich aufweisen, wobei Papier dem Kunststoff stets vorzuziehen ist. Umverpackungen und Verpackungen aus Kunststoff können - wie bereits bekannt - nur zu minderwertigem Kunststoff recycelt werden, Papier läßt sich dagegen recht gut recyceln und wieder zu Verpackungsmaterial verarbeiten. Es gilt jedoch stets die Reihenfolge "Vermeidung, Wiederverwendung, Recycling, Entsorgung".

... Elektronikschrott

Bis die Elektronikschrott-Verordnung in Kraft tritt, sollte man bereits beim Kauf von elektronischen Geräten darauf achten, daß diese vom Hersteller über eine Rücknahmegarantie zurückgenommen und verwertet werden. Ältere Geräte, die zu entsorgen sind, sollten nicht einfach in den Hausmüll geworfen werden, sondern fragen Sie zuerst bei dem Hersteller des Gerätes nach, ob er das Altgerät zurücknimmt und wiederverwertet. Inzwischen bieten viele Hersteller von Rechnern und Peripheriegeräten eine solche Möglichkeit an, wie zum Beispiel Hewlett Packard, Commodore, IBM, Siemens-Nixdorf, Olivetti, Apple, Dell, Digital-Equipment, ICL (ehemals Nokia Data) und Unisys. Bietet der Hersteller selbst noch keine Rücknahmemöglichkeit an, dann fragen Sie bei Ihrer Gemeinde- oder Stadtverwaltung nach, ob es entsprechende Entsorgungsmöglichkeiten in Ihrem Einzugsgebiet gibt.

Alternativ läßt sich auf Anfrage auch das Recyclingangebot der Firma Commodore nutzen, das je nach zu entsorgendem Gerät preislich gestaffelt ist. Man kauft einen entsprechenden Recyling-Gutschein bei Commodore und beauftragt dann die Speditionsfirma TNT, das Gerät kostenlos abzuholen und direkt zum Verwerter zu befördern. Spätestens jedoch nach Inkraftreten der Elektronikschrott-Verordnung *muß* jeder Hersteller seine Geräte zurücknehmen und der Wiederverwertung zuführen. Für Geräte, die vor Inkrafttreten gekauft wurden, kann der Herstellers vom Anwender eine Kostenbeteiligung verlangen, für Neugeräte dagegen wird die Entsorgung ohnehin gleich über den Verkaufspreis finanziert.

... Noch ein Wort zum Thema "Materialkreislauf"

Ein geschlossener Materialkreislauf in der Form, daß ein Produkt nach seinem Ableben recycelt und wieder zu dem selben, gleichwertigen Produkt werden kann, ist genauso wie der Glaube an das perpetuum mobile ein Irrglaube. Wie beim Altpapier, wo die Papierfasern nach jedem Recyclingdurchlauf immer kürzer werden oder beim Kunststoff, wo nach einigen Recyclingdurchläufen Ermüdungserscheinungen des Kunststoffs auftreten, so ist es auch bei den meisten anderen Stoffen, die in einem Rechner, Monitor oder Drucker zum Einsatz kommen. Aus diesem Grund bleibt der oberste Grundsatz die Vermeidung von nicht notwendigen Anschaffungen, damit die Ressourcen erhalten bleiben.

4.5 Tagtäglicher Umweltschutz am Computer

Jeder kann *jeden* Tag etwas für unsere Umwelt tun - nicht nur am Computer. In diesem Kapitel finden Sie einige Vorschläge, die Sie bei Ihrer täglichen Arbeit mit dem Rechner beachten sollten. Es ist jedoch keine vollständige Auflistung und kann auch keine solche sein, denn die Arbeitsumstände sind bei jedem Anwender sowohl beruflich wie auch privat sehr unterschiedlich. Aus diesem Grund sollten Sie die hier aufgeführten Vorschläge als Mindestanforderungen für einen umweltfreundlicheren Umgang bei der täglichen Arbeit am Computer verstehen.

In den nachfolgenden Abschnitten finden Sie fast ausschließlich Ratschläge zur Computerarbeit. Allerdings fallen bei jedem Anwender nebenbei auch andere Arbeitsvorgänge an (wie beispielsweise Beschriften, Abheften von Ausgedrucktem usw.), bei denen ebenso auf unsere Umwelt geachtet werden muß. Hierfür sollten Sie sich einen speziellen Ratgeber für ein umweltfreundlicheres Büro zulegen. Darüber hinaus erhalten Sie auf Anfrage bei jedem der in diesem Kapitel angeführten Anbieter von umweltfreundlichen Produkten einen kostenlosen Katalog zugesandt. Besonders zu empfehlen ist hierbei der Katalog der *vup*-Betriebe, in dem Sie Produkte wie Ringbücher, Schreibtischunterlagen, Sicht- und Prospekthüllen, Brief- und Versandumschläge, Ordnungssysteme, Formulare, Schreib- und Büroutensilien und vieles mehr erhalten, wobei für jedes Produkt die bei der Herstellung verwendeten Materialien, die Herstellung und die Entsorgung der Produkte ausführlich und vorbildlich dargelegt werden. Literaturhinweise zu weiterführenden Büchern zum Thema Umweltschutz im Büro und Adressen finden Sie zudem am Ende des Buches.

... Energie sparen

In den westlichen Industriestaaten steht Energie in Form von Erdöl, Erdgas, Kohle oder Kernenergie in Massen zur Verfügung, ist daher billig und verleitet zum unkontrollierten Energiekonsum. Es ist an der Zeit, von den nur beschränkt zur Verfügung stehenden Ressourcen abzurücken und langfristig stärker auf Energien wie Sonne, Wasser und Wind zu setzen. Damit aber schon heute die

Treibhausgase, die bei der Verbrennung von Erdöl, Erdgas und Kohle entstehen, nicht noch schneller unsere Atmosphäre aufheizen und die Brennstäbe der Kernkraftwerke nicht in noch größerem Rahmen unsere Umwelt radioaktiv verseuchen können, müssen wir unseren Energiebedarf drastisch einschränken - auch beim Computern.

Energie sparen beim Computern hat viele Seiten, hier einige Vorschläge:

- Schalten Sie Rechner und Peripheriegeräte aus, wenn Sie diese länger nicht benutzen. Manche Geräte (wie beispielsweise Laserdrucker) benötigen einige Zeit zum Hochfahren oder Aufwärmen. In dieser Phase wird mehr Strom benötigt als in der Ruhephase, weswegen man diese Geräte nicht allzuhäufig ein- und ausschalten sollte. Bei längeren Pausen oder Rechenzeiten des Rechners kann durch Abschalten des Monitors Strom gespart werden.

- Wenn Sie nicht die volle Rechenpower des Prozessors benötigen (was bei den heutigen 486ern mit 50 MHz und mehr in der Regel der Fall ist), dann schalten Sie den Systemtakt zurück. Dies ist bei den meisten Rechnern hard- oder softwaremäßig möglich. Der Systemtakt wird dabei halbiert, was dementsprechend auch die Stromaufnahme reduziert.

- Wenn Sie mit einem Notebook zu Hause arbeiten, dann arbeiten Sie am Netz und nicht mit dem Akku, den Sie dann ohnehin wieder am Netz aufladen müssen - wodurch Sie die Lebensdauer des Akkus immens verkürzen.

- Bei längeren Pausen oder Rechenzeiten des Notebooks läßt sich bei den meisten Geräten auch die Helligkeit der Hintergrundbeleuchtung reduzieren, bzw. wird durch Herunterklappen des Displays der Bildschirm ganz ausschalten, während der Rechner weiterarbeitet.

- Achten Sie auch in Ihrer Arbeitsumgebung darauf, daß Energie gespart wird, wie beispielsweise bei der Heizung (1 Grad weniger bedeutet 6% weniger Energie), bei Lampen (bei längerem Arbeiten mit künstlichem Licht empfehlen sich Stromsparlampen mit elektronischem Zünder), bei Ihren Fenstern, der Isolierung des Hauses, usw.

... Richtige Papierwahl und -aufbewahrung

Allein schon die richtige Wahl des Papiers, das Sie für Ihren Drucker einsetzen wollen, kann die Umwelt stärker belasten oder entlasten. Wenn wir im folgenden chlorgebleichtes Papier überhaupt nicht behandeln, dann aus dem Grund, da diese Papierart immer mehr vom Markt verschwindet. Anstelle von herkömmlichen Recyclingpapier kann uneingeschränkt auch UWS-Papier verwendet werden, dem aus den in Kapitel 3 angeführten Gründen sogar noch der Vorzug zu geben ist.

Die Wahl des Papiers hängt im wesentlichen von zwei Faktoren ab:

- dem *Druckertyp* (Matrix-, Tintenstrahl-, Laserdrukker) und
- dem *Anwendungszweck*

Dem Faktor *Druckertyp* kommt hier die eigentliche Hauptrolle zu, denn ein Laserdrucker kann beispielsweise kein Endlospapier verdauen und ein Tintenstrahldrucker nicht auf herkömmlichem UWS- oder Recyclingpapier drucken. Nachfolgende Auflistung soll Ihnen zeigen, welcher Druckertyp mit welcher Papierart arbeiten kann und welche hierbei für die Umwelt am empfehlenswertesten ist.

	Matrix-drucker	**Tintenstrahldrucker**	**Laserdrucker**
chlorfrei gebleichtes, oberflächen-behandeltes (satiniertes) Papier	ja, aber durch UWS-/Recyclingpapier ersetzbar	ja, aber durch UWS-/Recyclingpapier ersetzbar	ja, aber durch UWS-/Recyclingpapier ersetzbar
chlorfrei gebleichtes Normalpapier	ja, aber durch UWS-/Recyclingpapier ersetzbar	ja, aber durch UWS-/Recyclingpapier ersetzbar, Druckqualität kann nachlassen	ja, aber durch UWS-/Recyclingpapier ersetzbar
chlorfrei gebleichtes Normalpapier (Endlos)	ja, aber durch UWS-/Recyclingpapier ersetzbar	ja, aber durch UWS-/Recyclingpapier ersetzbar, Druckqualität kann nachlassen	ja, aber durch UWS-/Recyclingpapier ersetzbar
UWS-/Recyclingpapier	ja	ja	ja
UWS-/Recyclingpapier (Endlos)	ja	ja	ja

Die Tabelle zeigt, daß zumindest bei der Papierauswahl alle drei Druckkertypen gleichermaßen umweltfreundlich sind, denn bei allen läßt sich auf UWS- und Recyclingpapier umsteigen. Beim Laserdrucker kann es jedoch sowohl bei chlorfrei gebleichtem Normalpapier und bei Recyclingpapier, mehr aber noch bei UWS-Papier beim doppelseitigen Drucken zum mehrfachen Einzug von Blättern und damit zu einem Papierstau im Drucker kommen. Aus diesem Grund sollte man beim beidseitigen Drucken auf einem Laserdrucker zwei oder drei Minuten warten, den einseitig bedruckten Papierstapel etwas fächern, herumdrehen und wieder zum Bedrucken der anderen Seite in den Papierschacht einlegen.

Bei allen drei Druckertypen stehen mehrere Papierarten zur Auswahl. Hier kommt nun das Kriterium *Anwendungszweck* zum Tragen. Im allgemeinen gibt es weder im privaten noch im beruflichen Bereich einen ausreichenden Grund dafür, kein UWS- oder Recyclingpapier zu verwenden. Auch das Argument, Geschäftspapiere oder Master-Ausdrucke zum Kopieren müßten auf weißem Papier gedruckt sein, hat eher traditionelle und ästhetische Gründe. Dies sind Argumente, die beim Umweltschutz nur zweitrangig behandelt werden können. Daher sollte bei jedem Drucker grundsätzlich UWS- oder Recyclingpapier eingesetzt werden. Ob man schließlich Endlospapier oder Einzelblätter verwendet, hängt vom Anwendungszweck und auch von der Perforierung des Endlospapiers ab. Eine Microperforierung läßt an den Kanten beinahe keinen Unterschied zum Einzelblatt erkennen, kann aber aufgrund der Faserstruktur und Reißfestigkeit nur aus chlorfrei gebleichtem Neupapier hergestellt werden. Allerdings verleitet Endlospapier zu einem oft verschwenderischen Einsatz von Papier beim Ausdrucken, denn das beidseitige Benutzen erfordert ein Ausspannen, Herumdrehen und Wiedereinspannen des Endlospapiers, was vielen Anwendern wohl zu aufwendig erscheint. Dieses Problem existiert bei Einzelblättern nicht. Besitzt man zudem beim Matrixdrucker einen automatischen Einzelblatteinzug, was bei den beiden anderen Druckertypen ohnehin durch den Papierschacht gegeben ist, so kann in der Regel gänzlich auf Endlospapier verzichtet werden.

Recyclingpapier erhält man inzwischen in jedem Kaufhaus und Papierfachgeschäft. Dagegen ist UWS-Papier nur bei speziellen Verkaufsstellen zu beziehen, wie beispielsweise bei den *vup*-Betrieben (Adressen siehe Anhang). Dort erhält man auch Tabellier- oder Endlospapier aus Recyclingpapier, Recyclingpapiere in den Farben Grau, Gelb, Grün, Rosé, Lachs und Blau. Eine Besonderheit, die wir nur bei den *vup*-Betrieben gefunden haben, ist satiniertes UWS-Papier, das auf fast allen Tintenstrahldruckern (darunter alle HP-Tintenstrahler) eingesetzt werden kann. Daneben gibt es auch Recyclingpapier speziell für Tintenstrahldrucker. Zudem gibt es auch von der Firma *Zweckform* Recyclingpapier unter dem Namen Recyconomic Ink-Jet, das sich speziell für den Einsatz mit Tintenstrahldruckern eignet.

Die *Papieraufbewahrung* ist ein weiteres, in der Vergangenheit stark vernachlässigtes Thema. Wir wollen uns hier nur mit zwei Teilbereichen beschäftigen, da wir sonst zu weit in das breite Spektrum des Umweltschutzes im Büro abdriften.

Schon seit mehreren Jahren werden Papierablagen fast ausschließlich aus Kunststoff verwendet, die zwar farblich schön, aber weder ökologisch vertretbar noch lange haltbar sind. Als Alternative bietet sich hier der natürliche Werkstoff Holz an. Hobbybastler können sich aus dem Baumarkt oder vom Schreiner unbehandelte Holzreste holen und sich mit lösungsmittelfreiem und natürlichem Bastelleim einen eigenen Holzablagekasten zusammenbauen. Dieser kann so konstruiert sein, daß beispielsweise bei Verwendung von Endlospapier der Matrixdrucker auf den Ablagekasten gestellt werden kann, was eine Platzersparnis mit sich bringt und den Kauf eines Druckerständers erübrigt, der wiederum aus Kunststoff besteht. Als Alternative bieten die Firmen *Panda-Versandhandel*, *Waschbär* und die *vup*-Betriebe Holzablagekästen aus Kiefern- und Birkensperrholz (Höhe 5 cm) für etwa 15 DM an. Lösungsmittelfreier Bastelkleber für die Do-it-Yourself-Anwender ist ebenfalls bei den genannten Firmen zu bestellen. Nähere Informationen über Bestellnummer und Preis für lösungsmittelfreie Naturbastelkleber der aufgeführten Anbieter finden Sie im Abschnitt *... Disketten umweltfreundlich aufbewahren, verschicken und beschriften*.

Für die längerfristige *Aufbewahrung* von Ausdrucken werden sowohl im privaten als auch im beruflichen Bereich die schon seit jeher bekannten Ordnersysteme bevorzugt. Doch auch hier gibt es unterschiedliche Materialien, die unsere Umwelt mehr oder weniger belasten. Erfreulich ist, daß in den letzten zwei Jahren der Stoff PVC fast gänzlich aus dem Ordnerbereich entfernt wurde. Seit einiger Zeit werden Ordner aus Altpapier sogar bevorzugt hergestellt. Auch die *vup*-Betriebe bieten solche Büroordner in den Formaten DIN A4 und DIN A3 an. Die verwendete Pappe und das Bezugspapier bestehen aus 100% Altpapier, wobei der Rücken wahlweise mit Leinen bezogen und mit einem Rückenschild aus UWS-Papier versehen ist, welches in 4 Farben nachzukaufen ist.

... Papier sparen durch beidseitiges Drucken, MultiplePage und Bildschirmvorschau

Papier steht in den westlichen Industrieländern in Massen zur Verfügung, ist billig zu haben und verleitet dazu, mit ihm verschwenderisch umzugehen. Auch im Bereich der elektronischen Datenverarbeitung fällt immer mehr Papier an. Der utopischen Vorstellung, daß in Zukunft nahezu alles auf elektronischen Datenträgern gespeichert und somit die Umwelt durch eine Reduzierung der Papierproduktion entlastet werden könnte, stehen nicht nur einige arbeitsphysiologische Gründe entgegen, sondern es bleibt auch zu überlegen, ob der dadurch immense Anstieg anfallenden Elektronikschrotts und dessen Entsorgung ökologisch verantwortbarer wäre als eine ökologisch vertretbare Papierwirtschaft.

Wie schon in Kapitel 3.1 gezeigt, belastet allein die Papierherstellung die Umwelt in erheblichem Umfang. Die Signale für eine drastische Papiereinsparung sind nicht mehr zu übersehen - die radikale Abholzung der Wälder und tote Gewässer durch die im Ausland immer noch rege betriebene Chlorbleiche sind nur einige Stichworte zu diesem Thema, das mit der Verbrennung des Rohstoffs Altpapier und den stetig steigenden Altpapierbergen vor unserer Haustür noch lange nicht beendet ist. Unser verschwenderischer Umgang mit Papier ist daher in jedem Lebensbereich drastisch einzuschränken. Im Büro läßt sich dies beispielsweise durch beidseitiges Beschreiben von Notizzetteln ganz einfach realisieren. Beim Drucken mit dem Computer gestaltet sich diese Prozedur etwas aufwendiger, kann aber von der Platzausnutzung wesentlich effektiver sein. Anhand eines ganz normalen Standard-PCs wollen wir nachfolgend am Beispiel einer Textverarbeitung Möglichkeiten aufzeigen, wie bei fast gleichem Nutzen bis zu 90% an Papier eingespart werden können. Doch auch hier gilt die Regel: Was nicht zwingend ausgedruckt werden muß, sollte im Rechner bleiben. Papiersparendes Drucken läßt sich nicht nur in Textverarbeitungen, sondern je nach Anwendung auch bei anderen Programmen realisieren, wie beispielsweise bei Adressenverwaltungen, Datenbanken, Zeitplanern oder Kalkulationsprogrammen.

Wir wollen uns als erstes mit der Möglichkeit des *beidseitigen Druckens* beschäftigen, wodurch sich bis zu 50% an Papier einsparen lassen. Um nach dem Bedrucken der ersten Seite nicht jedes Blatt einzeln umdrehen und wieder zum Bedrucken der Rückseite in den Drucker einlegen zu müssen, ist die komfortabelste Methode die, daß man zuerst die ungerade Seiten des Textes (also 1, 3, 5, 7, usw.) ausdruckt, anschließend das Endlospapier abreißt und mit der umgekehrten Seite wieder einspannt oder den Stapel bedruckter Einzelblätter herumdreht und wieder in den Papierschacht einlegt und dann die geraden Seiten (also 2, 4, 6, 8, usw.) ausdrucken läßt.

Leider bietet nicht jede Textverarbeitung diese Möglichkeit des doppelseitigen Druckens. Andere dagegen bieten dem Anwender recht komfortable Auswahlmöglichkeiten, die das Drucken nicht nur einfacher, sondern auch umweltfreundlicher gestalten. So besitzt zum Beispiel das Programm *AmiPro 3.0 für Windows* von Lotus ein Druckfenster, das die erforderlichen Optionen aufweist, wie in nachfolgender Abbildung zu sehen ist.

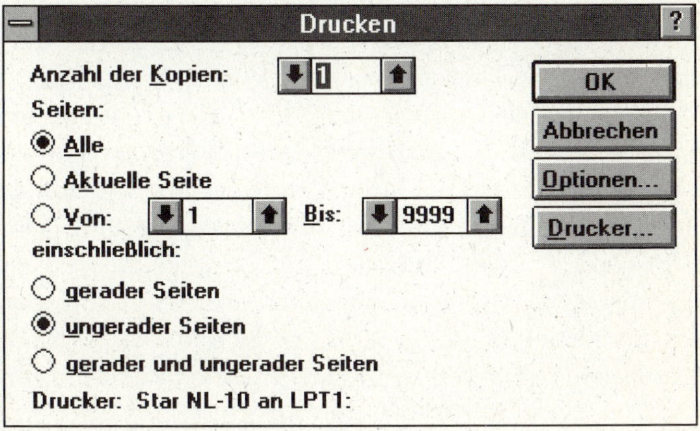

Über die beiden Optionen *gerader Seiten* und *ungerader Seiten* läßt sich mit dieser Textverarbeitung sehr komfortabel doppelseitig drucken. Auch das Programm *WordPerfect für Windows* bietet eine Option für beidseitiges Drucken an.

Bei Textprogrammen, die eine solche Funktion nicht besitzen, läßt sich in den meisten Fällen durch einige kleine Tricks trotzdem Text auf beiden Blattseiten ausgeben. So bieten einige Textverarbeitungen zumindest die Möglichkeit, die Nummern einzelner Seiten anzugeben, die dann gedruckt werden. Wie in dem wohl am verbreitetsten Programm *Word für DOS* lassen sich beispielsweise zuerst die ungeraden und anschließend die geraden Seiten durch direkte Eingabe der Seitennummern als Bereich ausdrukken, auch wenn sich diese Prozedur bei längeren Texten etwas mühsam gestaltet.

Bietet Ihre Textverarbeitung diese Option nicht, dann sollte sie zumindest die Möglichkeit besitzen, dieses Manko über die Erstellung eines Makros, das dann das doppelseitige Ausdrucken steuert, zu beseitigen. Die meisten kommerziellen Programme arbeiten inzwischen mit Makros, die zwar in der Ausführung meist etwas langsam sind, ihren Zweck aber durchaus erfüllen. Das Produkt *Word für Windows* (Version 2.0) von der Firma Microsoft besitzt zwar standardmäßig nur mangelhafte und wahrlich nicht mehr zeitgemäße Ausdruckoptionen, diese lassen sich aber mit der mitgelieferten BASIC-Ähnlichen Makrosprache *WordBasic* stark erweitern. Besitzer dieses inzwischen recht weit verbreiteten Textverarbeitungsprogramms können sich über den Microsoft Softwareservice ein fertiges Makro für doppelseitiges Drucken kostenlos bestellen, das mit seinen zusätzlichen Druckoptionen als vorbildlich zu bezeichnen ist.

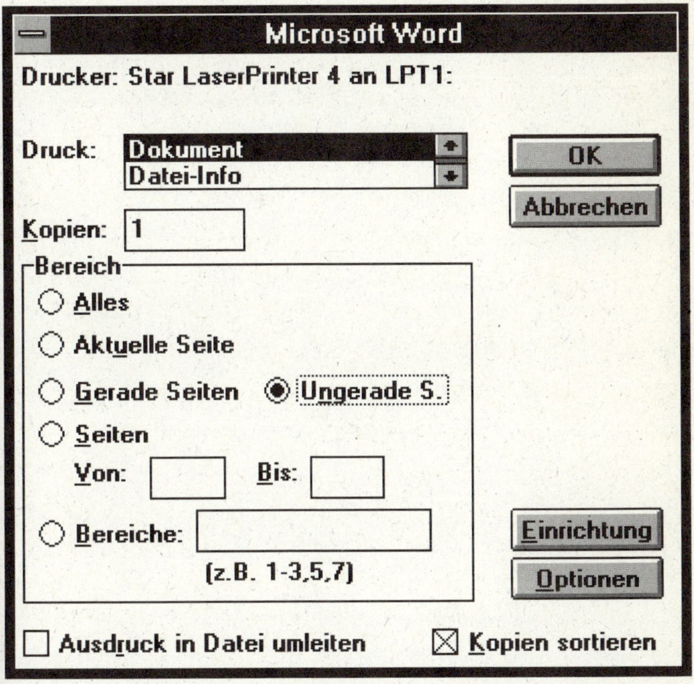

Mit freundlicher Genehmigung der Microsoft GmbH können wir das Makro mit den neuen Druckoptionen an dieser Stelle abdrucken, so daß Sie dieses direkt in *Word für Windows* eingeben und ausführen lassen können.

```
Dim Shared type, numcopies$, range, Pages$, from$,
to$, collate
Dim Shared printtofile, comma$, hyphen$, count,
page$(20), TYPE$(5)
```

```
Sub MAIN
DisableInput 1
Type$(0) = "Dokument" : Type$(1) = "Datei-Info"
Type$(2) = "Anmerkungen" : Type$(3) = "Druckformate"
Type$(4) = "Textbaustein" : Type$(5) = "Tastenbele-
gung"
Comma$ = "," : Hyphen$ = "-" : Count = 0
Start:
Redim dlg As DateiDruckeinrichtung
GetCurValues dlg
Printer$ = dlg.Drucker
Begin Dialog UserDialog 440, 280
OKButton  327, 37, 100, 20
CancelButton  327, 60, 100, 20
Text  5, 5, 65, 16, "Drucker:"
Text  75, 5, 333, 16, Printer$
Text 5, 37, 67, 16, "Druck:"
ListBox  73, 37, 227, 25, Type$(), .Art
Text 5, 73, 67, 12, "&Kopien:"
TextBox 73, 70, 80, 20, .Exemplare
GroupBox 5, 90, 300, 160, "Bereich"
OptionGroup .Seiten
OptionButton 15, 105, 67, 16, "&Alles"
If MarkierArt() = 2 Then
OptionButton 15, 125, 107, 16, "&Selection"
Else
OptionButton 15, 125, 150, 16, "Akt&uelle Seite"
End If
OptionButton 15, 145, 145, 16, "&Gerade Seiten"
OptionButton 165, 145, 125, 16, "U&ngerade S."
```

```
OptionButton 15, 165, 73, 16, "&Seiten"
OptionButton 15, 210, 95, 16, "&Bereiche:"
TextBox  120, 207, 155, 20, .Umfang
Text 125, 230, 150, 16, "(z.B. 1-3,5,7)"
Text 40, 185, 50, 16, "&Von:"
TextBox 90, 183, 50, 20, .Von
Text 160, 185, 30, 16, "&Bis:"
TextBox 195, 183, 50, 20, .Bis
CheckBox 5, 260, 240, 16, "Ausd&ruck in Datei umlei-
ten", .InDateiUmleiten
CheckBox 275, 260, 160, 16, "&Kopien sortieren", .Sor-
tieren
PushButton 327, 207, 100, 20, "&Einrichtung"
PushButton 327, 230, 100, 20, "&Optionen"
End Dialog
Redim Dlg As UserDialog
Dlg.Exemplare = "1"
Dlg.Art = 0
dlg.Sortieren = 1
SendKeys "%c"
Which = Dialog(Dlg)
If Which = 0 Then
Goto bye
ElseIf which = - 1 Then
Type = Dlg.Art
NumCopies$ = Dlg.Exemplare
Range = dlg.Seiten
Pages$ = Dlg.Umfang
From$ = Dlg.Von
To$ = Dlg.Bis
```

```
Collate = dlg.Sortieren
PrintToFile = dlg.InDateiUmleiten
PrintIt
ElseIf which = 1 Then
On Error Resume Next
ExtrasMakro "DateiDruckeinrichtung", .Ausführen
Goto start
Else
On Error Resume Next
ExtrasMakro "ExtrasEinstellungenDrucken", .Ausführen
Goto start
End If
bye:
End Sub

Sub printit
If InStr(FensterName$(0), ": ") Then
Type = 0
Range = 0
End If
Redim dlg As DateiDruck
dlg.Art = type
dlg.Exemplare = numcopies$
dlg.InDateiUmleiten = PrintToFile
dlg.Sortieren = Collate
If Range = 0 Then
dlg.Umfang = 0
DisableInput 0
Super DateiDruck dlg
DisableInput 1
```

```
ElseIf Range = 1 Then
If MarkierArt() = 2 Then
dlg.Umfang = 1
Else
dlg.Umfang = 2
End If
DisableInput 0
Super DateiDruck dlg
DisableInput 1
ElseIf Range = 2 Or Range = 3 Then
ExtrasSeitenumbruch
Dim Edlg As DateiDateiInfo
GetCurValues Edlg
TotalPages$ = Edlg.AnzSeit
If Range = 3 Then' Odd Pages
Start = 1
Else
Start = 2
End If
While Start <= Val(TotalPages$)
dlg.Art = Type
dlg.Umfang = 3
dlg.Von = Str$(Start)
dlg.Bis = Str$(Start)
DisableInput 0
Super DateiDruck dlg
DisableInput 1
Start = Start + 2
Wend
ElseIf Range = 4 Then
```

```
dlg.Umfang = 3
dlg.Von = From$
dlg.Bis = To$
DisableInput 0
Super DateiDruck dlg
DisableInput 1
Else
dlg.Umfang = 3
While InStr(Pages$, Comma$)
Count = Count + 1
Page$(Count) = Left$(Pages$, InStr(Pages$, Comma$) -
1)
Pages$ = Right$(Pages$, Len(Pages$) -(Len(Page$(-
Count)) + 1))
Wend
Page$(Count + 1) = Pages$
Count = 1
While Page$(Count) <> ""
If InStr(Page$(Count), Hyphen$) Then
dlg.Von = Left$(Page$(Count), InStr(Page$(Count),
Hyphen$) - 1)
dlg.Bis = Mid$(Page$(Count), InStr(Page$(Count),
Hyphen$) + 1)
Else
dlg.Von = Page$(Count)
dlg.Bis = Page$(Count)
End If
DisableInput 0
Super DateiDruck dlg
DisableInput 1
Count = Count + 1
```

```
Wend
End If
Bye:
End Sub
```

Haben Sie das Makro eingegeben und lassen es ausführen, dann stehen Ihnen neben den herkömmlichen Druckoptionen nun auch die beiden Optionen *Gerade Seiten* und *Ungerade S.* zur Verfügung. Auch die von *Word für DOS* her bekannte Möglichkeit der Bereichsangabe unter der Option *Bereich* kann verwendet werden, wenn nur wenige Seiten beidseitig bedruckt werden sollen. Dieses Fenster mit den neuen Druckoptionen sollte das normale Druckfenster ersetzen und kann entweder auf das Drucker-Icon gelegt oder mit einem eigenen ShortCut versehen werden.

Der beidseitige Ausdruck aus der Textverarbeitung heraus stellt sicher, daß auch Formatierungen (wie Fettdruck, Kursiv, Unterstrichen, Ausrichtung usw.) am Text mit ausgegeben werden und sollte daher nur für den endgültigen Ausdruck des Dokuments verwendet werden. Soll ein Text nur inhaltlich Korrektur gelesen werden (was sich bei Verwendung eines guten Bildschirms grundsätzlich auch am Bildschirm erledigen läßt, aber nicht immer hat ein externer Korrektor einen Computer zur Hand) oder besteht in Ihrer Textverarbeitung keine Möglichkeit, beidseitiges Drucken über Makros oder einen anderen Weg zu realisieren, so läßt sich der Text im ASCII-Format (also ohne jegliche Formatierungen) exportieren und kann dann in einem speziellen, für das beidseitige Ausdrucken von Texten spezialisierten Programm weiterverarbeitet werden. Solche Programme liegen zur Zeit nur als Public

Domain bzw. Shareware vor, sind aber qualitativ gut und arbeiten sehr zuverlässig.

Bis auf eines arbeiten alle Programme, die wir im Rahmen unserer Recherche gefunden haben, mit jedem beliebigen Druckertyp (also Matrix-, Tintenstrahl- und Laserdrucker) zusammen. Es sei jedoch noch einmal ausdrücklich darauf hingewiesen, daß bei diesen Programmen keine Formatierungen unterstützt werden, sondern es wird lediglich der reine ASCII-Text beidseitig ausgedruckt. Wir wollen in diesem Kapitel jedes dieser Programme kurz vorstellen, damit Sie zum Einen die Möglichkeit haben sich für ein Programm zu entscheiden, zum Anderen dadurch aber auch das Prinzip des beidseitigen Druckens verdeutlicht wird und Sie möglicherweise angeregt werden, selbst ein Programm in BASIC oder in einer anderen Programmiersprache für diesen Zweck zu schreiben. Bei den vorgestellten Programmen handelt es sich ausschließlich um Programme für IBM-kompatible PCs, für andere Rechnertypen wie Apple, Amiga oder Atari gibt es vergleichbare Programme.

Als erstes wollen wir uns mit dem Programm **DocPrint** befassen. Dieses Programm kann aufgrund der übersichtlichen Menüführung als gutes Beispiel für die Entwicklung eines eigenen Programms zum beidseitigen Drucken dienen. Wenn das Programm gestartet wird, erscheint folgendes Bild auf dem Monitor:

```
                DocPRINT Main Menu

R Input Document File Name :
D Settings File Name.......:
L Form Length in Inches....  11.00   O Output Printer Port...... LPT1
W Form Width in Inches.....   8.50   F Printer Font & Size...... DFT10
I Lines Per Inch...........      6   N Page Numbering........... NO
B Body Lines Per Page......     66   X Pg. Number Location...... N/A
C Characters Per Line......     80   V Vertical Justification... CENTER
H Horiz. (Left) Margin.....      0   M Multi-Pass Printing...... SINGLE
G Gutter Margin............      0   U Save Current Configuration
                                     Z > ReDisplay Main Menu <

                  Your Selection

Pick Letter or:Alt-V - View:Alt-S - Shell:P - Print:S - Save Settings:Q - Quit
```

Über dieses Menü nehmen Sie nun Ihre Einstellungen vor. Diese müssen eingestellt werden, damit der im ASCII-Format vorliegende Text von dem Programm so formatiert werden kann, daß er eine Seite voll ausfüllt, der Seitenumbruch korrekt durchgeführt und auch doppelseitig gedruckt wird. Die nachfolgend aufgeführten Menüpunkte kontrollieren diese Einstellungen:

- `Form Length in Inches` (die Seitenlänge in Zoll)
- `Form Width in Inches` (die Seitenbreite in Zoll)
- `Lines Per Inch` (die Anzahl der Zeilen pro Zoll)
- `Characters Per Line` (die Anzahl der Zeichen pro Zeile)
- `Horiz. (Left) Margin` (den linken Rand)
- `Printer Font & Size` (den zu verwendenden Druckerfont und dessen Größe)
- `Page Numbering` (Ein-/Ausschalten der automatischen Seitennummerierung)
- `Multi-Pass Printing` (Ein-/Ausschalten von doppelseitigem Ausdruck; Einstellung: Double)

Wenn Sie den Druckvorgang in DocPrint starten, dann werden Sie bei aktiviertem beidseitigem Drucken nach dem Ausdruck der ungeraden Seiten davon unterrichtet, daß nun die geraden Seiten ausgegeben werden können. Reißen Sie dann das Endlospapier ab und spannen es mit der anderen Seite wieder ein oder drehen Sie den bedruckten Papierstapel um und legen diesen wieder in den

Papierschacht, bevor Sie die geraden Seiten ausgeben lassen.

Bei dem Programm DocPrint handelt es sich um Shareware. Wenn Sie das Programm regelmäßig benutzen, dann erwartet der Autor eine Benutzungsgebühr von 20 Dollar. Die Adresse findet sich in der englischen Anleitungsdatei auf Diskette.

Das zweite Programm zum beidseitigen Ausdrucken heißt **Both** und druckt ebenfalls mit allen gängigen Druckertypen. Allerdings arbeitet das Programm etwas anders und einfacher als DocPrint. Nach dem Starten von Both erscheint folgender Bildschirm:

```
== BOTH.EXE  Rev. 3.34  (c) 1986,87,88 by Peter Feldmann ==

    The file: BOTH334.DOC contains 273 lines.

    The widest line is: 70   characters wide.  Suggest: ELITE
    4 Form feeds found in text, assuming file is pre-formatted


      Configuration:  [] = default values     *   Printing:


      Starting page: 1                           Ending page: 5
      Print Odd or Even pages first?  [O/e]                   O
      Pause after each page? [y/N]                            Y

      Add line numbers to listing? [y/N]                      N
      Is printer limited to 80 columns? [y/N]                 Y

      Specify Left Margin Space [0]    2

      Any number above 0 adds that many chars to left margin.
```

Das Programm analysiert den auszudruckenden Text und stellt die breiteste Zeile im Text fest. Diese Zeile wird dann als Standardbreite für den restlichen Text verwendet. Für den Ausdruck müssen zunächst wie bei DocPrint einige Einstellungen vorgenommen werden:

- `Starting page` (erste zu druckende Seite)
- `Ending page` (letzte zu druckende Seite)
- `Print Odd or Even pages first?` (ungerade oder gerade Seiten zuerst drucken)
- `Pause after each page?` (nach jeder gedruckten Seite pausieren; manueller Blatteinzug)
- `Specify Left Margin Space` (linker Rand)

Bei dem Programm Both handelt es sich um Shareware. Wenn Sie das Programm regelmäßig benutzen, dann erwartet der Autor eine Benutzungsgebühr von 20 Dollar. Die Adresse findet sich in der englischen Anleitungsdatei auf Diskette.

Das dritte Programm für beidseitiges Ausdrucken heißt **BothSide**. Es arbeitet im Gegensatz zu den bisher vorgestellten Programmen nach einem sehr simplen Prinzip, wodurch es aber mit jedem Druckertyp zusammenarbeiten kann. BothSide verfügt über kein eigenes Arbeitsfenster, sondern wird wie ein normaler DOS-Befehl aufgerufen und splittet hierbei die Originaldatei in zwei zusätzliche Dateien auf, die mit den Extensionen 1ST und 2ND versehen werden. Die Datei mit der Extension 1ST enthält die ungeraden Seiten der Originaldatei, die Datei mit der Extension 2ND dagegen die geraden Seiten. Sobald die Originaldatei aufgesplittet ist, können diese hintereinander mit dem DOS-Kommando

```
C\:>COPY <Dateiname.Ext> PRN
```

auf jedem angeschlossenen Drucker ausgegeben werden. Bei dem Programm BothSide handelt es sich um Shareware. Wenn Sie das Programm regelmäßig benutzen, dann erwartet der Autor eine Benutzungsgebühr von 20 Dollar. Die Adresse findet sich in der englischen Anleitungsdatei auf Diskette.

Das vierte und letzte Programm für den beidseitigen Ausdruck heißt **Druck** und ist ein in deutscher Sprache vorliegendes Programm. Das Programm arbeitet hinsichtlich des doppelseitigen Druckens allerdings nur mit dem Tintenstrahldrucker HP DeskJet zusammen und bietet recht umfangreiche Einstellungsmöglichkeiten, wie die nachfolgende Abbildung zeigt.

```
                    Formatierungsmenü

Standard-Formatierungen benutzen      Nur in eine Richtung drucken
Standard-Format. u. Menü auswählen    Textblöcke berücksichtigen
Dateinamen a. d. erste Seite drucken  Vorgegebene Zeichen austauschen
Datum auf die erste Seite drucken     Escapezeichen gegen " " austauschen
Uhrzeit auf die erste Seite drucken   Steuerzeichen gegen "#" austauschen
Zwei Zentimeter breiten linken Rand   Text im Spool-File "SPOOL" ablegen
Seitennumerierung drucken             Alten Spool-File "SPOOL" löschen
Seitennummerierung vorbelegen         Textinformationen anzeigen
Seitennumerierung fortführen          Bildschirmausgabe unterdrücken
Zeilennumerierung drucken             Auf dem DeskJet beidseitig drucken
Erste u. letzte Druckzeile festlegen  Gradzahlige Seitenanzahl
Erste u. letzte Textspalte festlegen  Auf DeskJet seitenrichtig drucken
Korrespondenzdruck (Schönschrift)     Ausdruck auf unkompatiblen Drucker
Fettdruck (Schwärzung der Schrift)    60 Zeilen/Seite für Unkompatible
Blocksatz (gleiche Zeilenlängen)      Schriftfont Letter Gothic
86 Zeilen pro Seite (Normal: 65)      Standard-Formatierungen speichern
```

Bei dem Programm Druck handelt es sich um Shareware. Wenn Sie das Programm regelmäßig benutzen, dann erwartet der Autor eine Benutzungsgebühr von 42 DM. Die Adresse findet sich in der deutschen Anleitungsdatei auf Diskette.

Neben dem beidseitigen Bedrucken des Papiers besteht noch eine weitere Möglichkeit, zusätzlich Papier einzusparen, nämlich durch *MultiplePage* - die Plazierung von mehreren verkleinerten (nominalen) Seiten auf einer (realen) Druckseite. Mit MultiplePage lassen sich - je nach verwendetem Programm - 2 oder 4 nominale Seiten auf einer realen Seite drucken, was bedeutet, daß im Gegensatz zum herkömmlichen Drucken, wo nur eine Seite pro Blatt bedruckt wird, der Papierverbrauch auf 1/8 (4 nominale Seiten beidseitig gedruckt entsprechen 8 nominalen Seiten) reduziert. Die Programme, die wir im Shareware-Bereich für diesen Zweck gefunden haben, verarbeiten nur ASCII-Texte und eignen sich somit zum externen Korrekturlesen von Texten, wenn diese aus organisatorischen Gründen nicht am Bildschirm selbst korrigiert werden können. Da die Schrift zudem verkleinert und die Seite neu aufgeteilt werden muß, arbeiten die Programme nur mit bestimmten Laser- und Tintenstrahldruckern zusammen.

Als erstes wollen wir das Programm **2Faced** vorstellen. Mit diesem Programm kann man nicht nur zwei nominale Seiten auf eine reale Papierseite drucken, sondern auch über Aktivierung der Option *Paper Mode* zusätzlich noch beidseitig, wodurch sich der Papierverbrauch auf 1/4 reduzieren läßt.

```
2Faced V2.0 (C) Copyright 1989
      Petersen Consulting & Programming
   If you find 2Faced of value, send $20
      421 S Idaho Ave, Provo, UT 84606

   File               Test.TXT
   Filename, Date     Yes
   Boxed Pages        Yes
   Grey Bars          Yes
   Printer Type       LaserJet II
   Print Device       PRN
   Printing Mode      Duplex
   Paper Source
        Side 1        Paper Tray
        Side 2        Manual Feed

            - Number Pages -
```

Das Programm arbeitet nur mit HP-Laserdruckern (HP LaserJet II, LaserJet IID, LaserJet+ und LaserJet III) und Kompatiblen zusammen, wobei der Ausdruck im Querformat erfolgt. Wird ein Text ausgegeben, dann wird eine Papierseite wie folgt aufgeteilt:

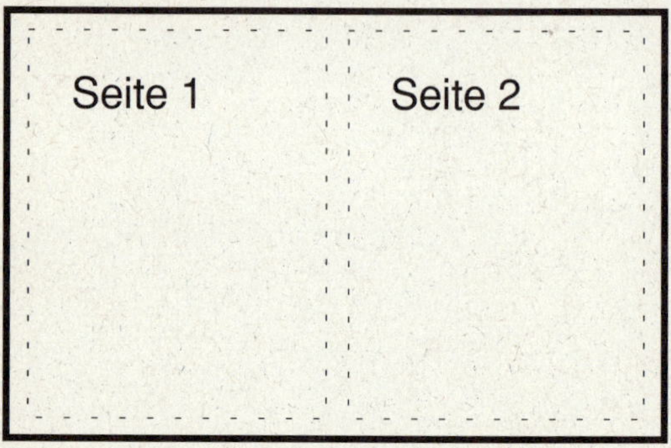

Bei dem Programm 2Faced handelt es sich um Shareware. Wenn Sie das Programm regelmäßig benutzen, dann erwartet der Autor eine Benutzungsgebühr von 20 Dollar. Die Adresse findet sich in der englischen Anleitungsdatei auf Diskette.

Das zweite Programm für MultiplePage heißt **P4Up**. Wie der Name schon vermuten läßt, schafft es dieses Programm, sogar 4 nominale Seiten auf einer realen Seite unterzubringen, und das ganze in einer noch sehr gut lesbaren Schriftgröße. Das Programm arbeitet mit den HP-Laserdruckern LaserJet II und III und mit den HP-Tintenstrahldruckern DeskJet und ThinkJet und entsprechenden Kompatiblen zusammen. Es wird ohne Menüfenster gearbeitet. Statt dessen verhält sich das Programm wie ein DOS-Befehl und erhält seine Einstellungen über Parameter, die beim Programmaufruf mit angegeben werden. Die Seitenaufteilung erfolgt bei P4Up wie aus nachfolgender Abbildung zu ersehen.

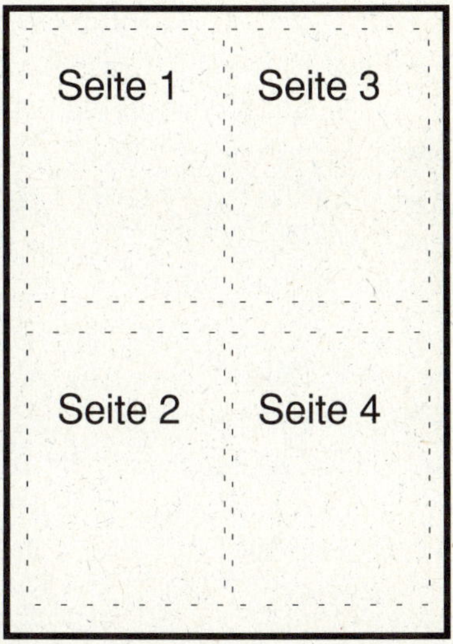

Bei dem Programm P4Up handelt es sich um Shareware. Wenn Sie das Programm regelmäßig benutzen, dann erwartet der Autor eine Benutzungsgebühr von 29,95 Dollar. Die Adresse findet sich in der englischen Anleitungsdatei auf Diskette.

Wenn Sie nicht Korrekturlesen brauchen und nur sehen möchten, ob die Formatierung und die Ausrichtung des Textes oder das Seitenlayout stimmt, dann läßt sich dies über eine Funktion erledigen, die unter dem einen oder anderen Namen inzwischen in fast jedem Textverarbeitungsprogramm zu finden ist - der Bildschirmvorschau. Anstatt in mehreren Probe- oder Konzeptausdrucken Mengen an Papier zu verschwenden, läßt sich anhand der Bildschirmvorschau bereits erkennen, ob eine Seite den eigenen Wünschen entsprechend formatiert ist oder nicht. Daß man die verschiedenen Schriftarten aufgrund der Schriftverkleinerung in der Bildschirmvorschau nicht mehr so gut erkennen kann ist nicht weiter tragisch, denn schließlich verwendet man in einem Dokument nicht mehr als höchstens 2 oder 3 Schriftarten gleichzeitig, und diese werden bereits während der Texteingabe oder in der Nachbearbeitung direkt gesetzt. Die Papierersparnis, die Sie durch die Verwendung der Bildschirmvorschau erzielen können, liegt mindestens in der Anzahl der Seiten, die Ihr auszudruckendes Dokument bei einem Probeausdruck umfassen würde. Sollte sich ein Probeausdruck bei bestimmten Anwendungen nicht umgehen lassen, dann ist selbstverständlich beidseitiges Drucken Pflicht, sofern das Programm dies zuläßt.

Schreiben Sie an die Hersteller Ihrer Anwendungsprogramme, wenn Ihnen keine Funktion zum beidseitigen Drucken oder für MultiplePage zur Verfügung steht, und fordern Sie diese auf, eine solche Funktion in der gesamten Softwarepalette beim jeweils nächsten Update zu berücksichtigen. Sollte auch keine Bildschirmvorschau vorhanden sein, dann weisen Sie den Hersteller auch auf das Fehlen dieser Funktion hin. Fordern Sie die Redaktionen der Fachzeitschriften auf, bei Software-Tests auch auf diese Punkte zu achten und hinzuweisen.

... Disketten wiederverwenden oder "refreshen"

Disketten lassen sich aufgrund ihres recht robusten Äußeren sehr gut mehrfach verwenden. Dies bezieht sich aber nicht nur auf den privaten oder beruflichen Anwender, sondern auch auf die Software-Industrie selbst. Leider machen die Softwarehäuser von dieser ökologisch notwendigen Möglichkeit keinen Gebrauch. Softwarepakete, die sich bei einem Programm-Update noch auf Lager befinden, werden immer noch komplett eingeschweißt und palettenweise an die Entsorgerbetriebe weitergeleitet, die dann die Handbücher dem Altpapier und die Kunststoffolie dem Recycling oder der Entsorgung zuführen. Die Disketten werden eingestampft oder zerschreddert. Gleiches wiederfährt den Disketten, die der Anwender bei einem Update an den Hersteller zwecks Legitimierung zurücksenden muß. Sieht man einmal von den Unmengen an Ressourcen und Energie ab, die da einfach vergeudet werden, teilweise ohne je irgendeinen Nutzen erfüllt zu haben, so ließen sich doch zumindest die Disketten ohne weiteres wiederverwenden. Ungeachtet dessen werden immer wieder neue Disketten produziert und für die Herstellung der Software-Produkte verwendet.

Firmen wie *Microsoft, Borland, Central Point* und andere haben dieses Problem schon vor geraumer Zeit erkannt und beschreiten seit dem einen anderen Weg. Programmdisketten, die aufgrund eines Updates auf dem Markt nicht mehr abzusetzen sind, werden nicht zerstört, sondern *Refreshed* - wiederverwendet. Dies bedeutet, daß die Disketten bei dem Entsorger gelöscht und nach Wunsch gleich neu formatiert und auf Viren hin untersucht werden. Die Disketten behalten dabei ihren alten Aufkleber und werden mit einem Stempel als Refreshed-Diskette gekennzeichnet.

REFRESHED

NEU-FORMATIERT 720KB

Die Disketten sind hinsichtlich der Qualität über den im Laden erhältlichen NoName-Disketten anzusiedeln, denn sie unterliegen in den Softwarehäusern einer strengen Wareneingangskontrolle, deren Qualitätsanforderungen sehr hoch sind. Dies zeigt sich auch an der Ausschußrate beim Duplizieren der Disketten, wo bei NoName-Disketten Ausschüsse zwischen 10% und 30%, bei Refreshed-Disketten dagegen nur Ausschüsse im Promillebereich zu verzeichnen sind. Zudem hat sich ein Großteil der Refreshed-Disketten noch nie in den Händen eines Anwenders befunden, da diese von Programmpaketen stammen, die aufgrund einer neueren Programmversion aus dem Lager des Herstellers kommen.

Die Einsatzmöglichkeiten von Disketten haben sich in den letzten drei Jahren verlagert. Dienten sie ursprünglich dem Zweck, direkt von Diskette ablauffähige Programme zu speichern, so werden sie heute eigentlich nur noch für das Weitergeben von Daten verwendet. Dies hat seine Begründung darin, daß wir heute mit Softwarepaketen hantieren, die sich aufgrund ihrer Komplexität nicht mehr von Diskette aus starten lassen und wir zudem mit Festplatten arbeiten, deren Kapazitäten zwischen 100 und 200 MB liegen. Diskettenlaufwerke werden nur noch zum Installieren von Programmen oder Updates und zur Weitergabe von Daten auf Diskette verwendet.

Diese Situationsbeschreibung wäre richtig, wenn man die Raubkopiererei außer Acht ließe. In der Tat ist es aber gerade diese beliebte illegale Aktivität am Rechner, die neben den Softwareherstellern und Verlagen für einen weiteren sehr großen Anteil am Diskettenkonsum verantwortlich zeichnet. Die heutige Programmflut und der seit 64er Zeiten ungebrochene Trend hin zur Softwaresammlung treibt hier die Absatzzahlen der Diskettenhersteller kontinuierlich in die Höhe. Gerade jener private Anwender könnte durch die konsequente Verwendung von Refreshed-Disketten, die im übrigen in ausreichenden Stückzahlen zur Verfügung stehen, die Herstellung von neuen Disketten und die bei der Herstellung und Entsorgung anfallenden Umweltbelastungen stark reduzieren. Daß Refreshed-Disketten gegenüber neuen Disketten gleichwertig, zuweilen sogar besser sind, zeigt ein Beispiel von Microsoft: Im hauseigenen *System-Journal* von Microsoft haben sich Refreshed-Disketten als Diskette zum Magazin seit November 1992 sehr gut bewährt, wurden vom Leser akzeptiert und werden weiterhin kontinuierlich dafür eingesetzt.

Leider werden zur Zeit für die Herstellung von neuen Programmen oder Updates noch keine Refreshed-Disketten eingesetzt. Dies hat für die Unternehmen zwei Gründe: Zum einen liegt die Herstellung der Produkte meist im Ausland, weswegen eine Rückführung der Disketten zur Produktionsstätte nötig wäre, zum anderen wird in den Softwarehäusern bezweifelt, ob der Kunde beispielsweise bei einem Update auch eine Diskette akzeptieren würde, bei der das alte Label mit einem neuen Aufkleber überklebt wird. Ersteres Problem ist eine rein logistische und produktionstechnische Frage und ließe sich ohne weiteres in absehbarer Zeit beheben. Die zweite Frage richtet sich direkt an den (vorrangig gewerblichen) Anwender.

Wäre der Anwender bereit, eine Art "Mehrwegsystem für Disketten" zu akzeptieren, dann würde der Diskettenverbrauch und die damit verbundenen Umweltprobleme bei Herstellung und Entsorgung um einen nicht zu unterschätzenden Teil reduziert (siehe auch Kapitel 2.2). Ideal wäre hier ein Disketten-Pool, aus dem sich die Hersteller bedienen könnten und dem der Anwender über den Händler vor Ort seine alten Programmdisketten zuführen kann.

Neben den Lagerabfällen der Softwarehäuser spielen auch die ständig neuen Programmversionen und sogenannte Bug-Fixes (Fehlerkorrekturen) eine Rolle, die in Form eines kostenlosen Programm-Updates jedem registrierten Anwender regelmäßig ins Haus flattern und so die Disketten der alten Programmversion überflüssig machen. Daß bei einem Update der gesamte Diskettensatz an den Hersteller eingeschickt werden muß, ist leider nicht die Regel und meist geben sich die Unternehmen schon mit der Registriernummer, mit der ersten Diskette des Diskettensatzes oder mit einer Kopie der ersten Handbuchseite zufrieden. Besonders in Unternehmen, wo in der Regel gleich mehrere Programme auf einem Rechner oder im Netz gefahren werden, fällt bei einem Programm-Update ein Haufen von Disketten an, der in der Firma selbst garnicht mehr verwendet werden kann, da Daten nur in kleinem Rahmen und firmenintern auf Diskette weitergegeben oder im Netzwerk verarbeitet werden. Eine Weitergabe der Disketten an die Mitarbeiter ist aus lizenzrechtlichen Gründen untersagt. Zudem sind die Mitarbeiter - sofern sie denn einen eigenen Rechner zu Hause besitzen - in der Regel schon selbst ausreichend mit Disketten versorgt, so daß sich diese in einer Ecke stapeln, ohne daß ihnen ein wirklicher Nutzen zukommt. Überprüfen Sie doch einmal bei sich zu Hause und im Büro, wieviele Disketten Sie wirklich benötigen.

Die Firmen Microsoft und Micrografx sind bislang die einzigen Softwarehäuser, die ihren Privat- und Firmenkunden bei einem Update die Möglichkeit geben, nicht nur - wie normalerweise gefordert - die erste Originaldiskette mit der Seriennummer, sondern auch den gesamten Diskettensatz einzuschicken. Microsoft leitet diese dann an den Entsorger weiter, die Disketten werden refreshed und können wieder verkauft und verwendet werden. Auf diese Weise finden überflüssige Disketten bei einem anderen Anwender Verwendung oder können von Softwarehäusern und Verlagen wieder in der Produktion eingesetzt werden. Micrografx erarbeitet zur Zeit sogar das von uns geforderte Mehrwegsystem für Disketten bei einem Update.

Zur Zeit bietet nur die Firma Osterroth Refreshed-Disketten an. Diese Firma erhält die meisten Disketten von namhaften Softwarefirmen und gibt Refreshed-Disketten an private und berufliche Anwender und auch Großabnehmer zu einem Preis ab, der bis zu 20% unter dem Preis von billigen NoName-Disketten liegt, aber eine wesentlich höhere Qualität bringt. Die nachfolgenden Stückpreise verstehen sich zuzüglich 15% MWSt und gelten ab einer Abnahmemenge von 10 Disketten. Für Großabnehmer gibt es entsprechend lukrativere Sonderkonditionen.

3.5"-Disketten im HD-Format werden zur Zeit zu 70% ohne Schreibschutzschieber ausgeliefert und es muß - quasi wie bei einer Videokassette, bei der der Schreibschutz herausgebrochen wurde - das linke Schreibschutzfenster überklebt werden, damit auf die Diskette geschrieben werden kann. Der Schreibschutzschieber fehlt bei Disketten derjenigen Hersteller, die über diese Maßnahme den Anwender vor versehentlichem Überschreiben der Programmdateien schützen wollen. Andere Anwenderprogramme schreiben wiederum bei der ersten Installation der Software bestimmte Anwenderdaten auf die nicht-schreibgeschützte Diskette, weswegen ein Schreibschutzschieber vorhanden sein muß. Auf Disketten ohne Schreibschutzschieber gibt die Firma Osterroth gegenüber den HD mit Schieber einen Nachlaß von 10%. Interessenten sollten sich jedoch von diesem kleinen Nachteil nicht abschrecken lassen, denn an der Umweltfreundlichkeit einer Refreshed-Diskette selbst ändert sich nichts. Allerdings geht der Trend im Moment ganz klar in die Richtung schieberloser Disketten, was sich hoffentlich spätestens mit der Einführung der Elektronik-Schrott-Verordnung ändern wird und Disketten wieder grundsätzlich mit Schreibschutzschieber ausgeliefert werden, damit Refreshed-Disketten auch für den Endanwender attraktiv sind.

Schreiben Sie an die Hersteller Ihrer Software und fragen Sie nach, ob Sie bei einem Update den kompletten Diskettensatz zurückgeben können. Fordern Sie diese auf, für die Herstellung neuer Programme oder Updates Refreshed-Disketten zu verwenden und sich so an einer Art Mehrwegsystem für Disketten zu beteiligen. Machen Sie dem Hersteller klar, daß Sie auch bei kommerzieller Software eine Refreshed- oder wiederverwendete Diskette mit überklebtem Label voll und ganz akzeptieren würden. Schreiben Sie an die Verlage, die Bücher mit Disketten ausliefern oder Disketten-Magazine herausgeben und fordern Sie diese auf, konsequent auf Refreshed-Disketten umzusteigen. Um ein Refreshen von Disketten zu vereinfachen und auch refreshte HD-Disketten für den Anwender interessanter zu machen, weisen Sie ferner darauf hin, daß zukünftig alle Disketten komplett mit Schreibschutzschieber ausgeliefert werden sollen.

... Disketten umweltfreundlich aufbewahren, versenden und beschriften

Es ist heutzutage üblich, daß in jeden computerisierten Haushalt mindestens eine Diskettenbox Einzug gehalten hat. Daß diese Box in der Regel aus Kunststoff besteht, der uns - wie wir bislang schon in diesem Buch gesehen haben - bereits heute und in nicht allzuferner Zukunft vor ein großes Problem stellt, muß sich ändern. Es gibt umweltfreundlichere Materialien, aus denen sich Diskettenboxen herstellen lassen. In einem speziellen Verfahren gepreßtes Altpapier hat die erforderliche Haltbarkeit, um der Diskettenbox auch für längere Zeit ein ansehnliches Aussehen zu verleihen und gleichzeitig auch als praktisches Aufbewahrungsbehältnis für die Datenträger zu dienen. Entsorgt wird über Altpapier. Das wohl am geeignetsten, da nachwachsende Material für die Herstellung von Diskettenboxen ist der Rohstoff *Holz*. Er besitzt eine längere Lebensdauer als Kunststoff und bereitet bei der Entsorgung keinerlei Probleme, da es sich um ein rein natürliches Produkt handelt. Selbstverständlich muß es sich hierbei um heimische Hölzer handeln, die beim Durchforsten der Wälder anfallen und nicht chemisch behandelt und mit Lacken oder gar Farben überzogen werden.

Wer handwerklich etwas geschickt ist, kann sich solche Hölzer vom Schreiner um die Ecke oder im Baumarkt besorgen und selbst mit lösungsmittelfreiem Bastelkleber zusammenbasteln. Alternativ bietet der *Panda-Versandhandel* (eine 100%ige Tochtergesellschaft des World Wildlife Fund for Nature, kurz WWF, die mit dem Panda-Versandkatalog ökologisch sinnvolle und umweltfreundliche Produkte vertreibt) eine Diskettenbox für 3.5" Disketten aus bienenwachslasiertem Kiefernholz an. Diese Diskettenbox mit Deckel hat die Maße 13 x 12 x 10 cm (BxTxH) und bietet etwa 30 Disketten Platz. Für 16,50 DM ist die *natürliche* Diskettenbox unter der Bestellnummer 1038-34 und ein lösungsmittelfreier Bastelkleber (100 ml) für 4,75 DM für die Do-it-Yourself-Anwender unter der Bestellnummer 2242-06 zu haben.

Bei dem Firmenausstatter *memo* bekommen auch Anhänger der immer noch recht weit verbreiteten 5.25"-Diskette eine fertige Lösung geliefert. Für 29,90 DM bekommt man unter der Bestellnummer B2005 eine Diskettenbox mit Deckel in den Maßen 153 x 108 x 142 mm (BxTxH) aus massivem Kiefernholz, das mit AURO-Hartöl behandelt wurde. Wer ´s auch ohne Deckel mag, der kann unter B2006 für 10,90 DM die gleiche Diskettenbox ohne Deckel und in den Maßen 153 x 108 x 71 mm (BxTxH) bestellen. Daneben bietet memo auch diverse natürliche Bastelkleber an.

Neben dem Panda-Versandhandel bietet auch der *Waschbär Umweltprodukt-Versand* in Freiburg unter der Bestellnummer 322 269 die weiter oben schon benannte 3.5"-Diskettenbox für 24,90 DM und einen Naturlatex-Bastelkleber (30 ml) unter der Bestellnummer 330 017 für 4,90 DM an. Darüberhinaus haben wir bei Waschbär noch eine weitere Alternative für jene Anwender gefunden, die sich selbst keinen eigenen 3.5"-Diskettenkasten bauen wollen. Es handelt sich hierbei eigentlich um eine "Sockenbox" aus dem unbehandeltem Holz "Aromatic Red Cedar". Dieses Holz stammt aus kontrolliertem Anbau in Arizona, USA, und besitzt von Natur aus einen für uns Menschen recht angenehmen und unaufdringlich wirkenden Geruch, vor dem aber Motten, Silberfischchen und sogar Flöhe das Weite suchen. Auch wenn es sich bei diesem Produkt ursprünglich um eine Sockenkiste handelt und deswegen kein Deckel vorhanden ist, so eignet sich diese Box mit den Abmessungen 12 x 32 x 10,5 cm (HxTxB, Bestellnummer

234 253 für 19,90 DM) ideal für die Aufbewahrung von ca. 90 Disketten im 3.5"-Format.

Das lose Versenden von Disketten, auf denen sich Daten befinden, die auch vom Empfänger möglichst noch zu lesen sein sollen, belastet durch den Einsatz von geschäumten Kunststoffen in den angebotenen speziellen Diskettenversandtaschen und durch die Verwendung von gebleichtem neuem Papier die Umwelt. Alternativen, die ebenso möglichen Entmagnetisierungen der Disketten vorbeugen, sind auch hier natürliche Verpackungen, also entweder mit Altpapier oder Kompostmaterial gepolsterte und somit stoßabsorbierende Versandtaschen (sogenannte Jiffy-Versandtaschen), Wellpappe, spezielle Diskettentaschen aus Pappe oder - wenn es sich um regelmäßige Versendungen von Disketten von einem Ort zum anderen handelt - an das Diskettenformat angepaßte Holzversandkästchen. Solche Versandkästchen aus Holz werden vom Panda-Versandhandel bereits angeboten und können als Muster dienen, leider sind diese für eine Diskette jedoch zu klein. Das Holzkästchen wird von der Post auch als Brief anstandslos befördert und ist ein echtes Mehrwegbehältnis, das im Vergleich zu jeder anderen Verpackung für den regelmäßigen Diskettenversand die umweltschonendste Methode ist.

Verpackungen aus Micro-Wellpappe, die aus UWS-Papier hergestellt wird, schützen alle Versandgüter, die nicht geknickt und beschädigt werden dürfen, und werden mit den bekannten Flachkopfklammern oder mit naßklebendem Papierklebeband aus Recyclingpapier verschlossen - also ideal für den mehrfachen Diskettenversand. Sind sie nach mehrmaligem Gebrauch dann wirklich nicht mehr für den Versand einzusetzen, wandern sie problemlos ins Altpapier. Anfragen über Micro-Wellpappe können an die *vup*-Betriebe gerichtet werden.

Spezielle Diskettentaschen aus Pappe mit einer wiederverschließbaren Lasche werden von der Firma Clemens Hölter GmbH für die Diskettenformate 3.5" und 5.25" angeboten. Zwar bestehen die Taschen nicht aus Recyclingpapier, aber im Gegensatz zu den kunststoffgeschäumten Diskettentaschen zu 100% aus Pappe. Ein weiterer Vorteil dieser Papptaschen liegt darin, daß sie zusammen mit einer Diskette und einem Blatt Papier für die Rechnung oder als Begleitschreiben nicht mehr als 50 g auf die Waage bringen und so sehr kostengünstig (beispielsweise als Warensendung) verschickt werden können. Die Diskettentaschen aus Pappe sind zu beziehen bei der Clemens Hölter GmbH.

Bunte Diskettenaufkleber machen viel her, sehen schön aus und sind sicherlich sehr informativ - aber sind sie auch umweltfreundlich? Immer noch sind Aufkleber aus PVC und anderen umweltbelastenden Stoffen im Umlauf. Eine Alternative bieten nun die *vup*-Betriebe, die wir schon in Zusammenhang mit der Papierbeschaffung erwähnt haben. Sie liefern Haftetiketten in verschiedenen Größen, so daß sie auf jede Diskettengröße passen, auch wenn die Etiketten nicht spezifisch für Disketten hergestellt werden. Die Etiketten selbst bestehen aus UWS- oder Recyclingpapier, als Kleber wird das synthetische Produkt Acrylatklebstoff verwendet und das Trägerpapier besteht aus mit Silikon beschichtetem Zellstoff. Alle Stoffe können nach dem Gebrauch dem Altpapier zugeführt werden, wobei jedoch auch bei diesen relativ noch recht umweltschonenden Materialien größere Mengen das Altpapierrecycling stören können, weswegen im jedem Fall mit selbstklebenden Etiketten sparsam umgegangen werden sollte.

... "Computerkram" umweltfreundlich verschicken und verschenken

Wenn Sie beruflich oder auch privat Hardware, Software, Bücher oder andere Computerartikel verschicken, dann sollten Sie an eine ökologisch sinnvolle Verpackung denken. Wie auch beim Diskettenversand lohnt es sich beim regelmäßigen Verschicken von meist gleichgroßen Sachen, auf eine Mehrweg-, beispielsweise eine Holzverpackung umzusteigen. Anderenfalls sollte man sich den benötigten Pappkarton bei einem Einzelhändler besorgen. Von den von der Deutschen Bundespost angebotenen Fertigpaketen raten wir ab, denn diese erhalten Sie nur in einer knallgelben Plastiktüte, und es handelt sich hierbei um ein überflüssigerweise aus neuem Zellstoff produziertes Produkt, denn Kartonagenabfälle gibt es zum Beispiel in jedem Lebensmittelgeschäft ausreichend.

Aufgeschäumte Styroporchips zum Auspolstern sollten aus jedem Betrieb und Haushalt inzwischen verschwunden sein. Alte Zeitungen eignen sich hierfür recht gut. Eher für den gewerblichen Bedarf ist der sogenannte *Bio-Pack,* in dem sich kompostierfähiges Füll- und Polstermaterial befindet und der in verschiedenen Größe bei der Firma BIO PACK erhältlich ist.

Zum Verschließen des Versandgutes ist auf selbstklebende (die sogenannten trockenhaftenden) Klebebänder zu verzichten, denn diese können als Trägermaterialien das vor allem bei der Verbrennung hochgiftige PVC und andere Kunststoffe enthalten und das Altpapierrecycling stören. Zu empfehlen ist daher der konsequente Einsatz von naßklebendem Verpackungsklebeband, bei dem das Trägermaterial aus Recyclingpapier besteht, die Klebstoffschicht ist eine Stärkeleimgummierung, die vor dem Benutzen angefeuchtet werden muß. Dieses Klebeband kann nach Gebrauch ohne Bedenken dem Altpapier zugeführt werden. Die *vup*-Betriebe bieten darüber hinaus auch selbstklebendes Papierklebeband an, das aus ungebleichtem Kraftpapier besteht und als Kleber den bereits weiter oben beschriebenen Natur-Bastelkleber Akrylatklebstoff auf Silikonbeschichtung einsetzt. Aus Gründen der Ressourcenschonung bleibt jedoch das naßklebende Papierband immer noch die beste Lösung.

Bei dem Transport der Sendung sollten Sie darauf achten, daß besonders bei privaten Speditionsunternehmen (zum Beispiel UPS, TNT, German Parcel etc.) aber auch bei der Post keine Kunststofftasche verwendet wird, in der normalerweise der Lieferschein oder die Rechnung bei Nachnahme Platz findet. Verschicken Sie daher wenn möglich gegen Rechnung oder per Vorauskasse und legen Sie die Rechnung oder den Lieferschein in das Paket mit hinein, so daß außen nur der übliche Adreßaufkleber aufgeklebt werden muß, oder verwenden Sie einen einfachen Umschlag als Alternative zu der Kunststofftasche. Eine andere Lösung, die mit der typischen roten Kunststofftasche nicht nur optisch sondern auch von der Reißfestigkeit her fast identisch ist, bietet die Firma *memo* an. Die Vorderseite dieser Versandtaschen besteht aus Pergamin, die Rückseite aus weißem Kraftpapier. Die Vorderseite ist typisch Rot mit der schwarzen Aufschrift "Lieferschein - Rechnung", so daß sich in der Praxis kein Unterschied zu den Kunststofftaschen ergibt. Zudem sind diese Taschen zusammen mit dem Karton, auf den sie geklebt werden, direkt dem Altpapier zuführbar und behindern das Recycling nicht. Eine echte Alternative.

Wenn ´s um das Verschenken von Computerkram geht, sollte man bereits vor dem Einpacken auf ökologisch sinnvolle Produkte achten, die man dem zu Beschenkenden überreichen möchte. Hier kommen wieder die Stichwörter *Notwendigkeit* und *Verzicht* ins Spiel, über die wir bereits gesprochen haben. Bei der Verpackung bietet sich für die Weihnachtszeit das gute alte *Jute-Säckchen* an, das mehrfach verwendet werden kann. Noch recht neu ist die Idee, zum Teil recht poppiges Geschenkpapier aus Stoff nachzubilden und so ein ideales, da mehrfach wiederverwendbares Verpackungsmaterial zu erhalten. Zum "Verkleben" des Geschenks reicht hierfür oft eine einzige Sicherheitsnadel aus. Zur Zeit gibt es diese Geschenkhüllen nur beim Panda-Versandhandel, jeweils im 3er Set in 4 Größen, so u.a. 13 x 15 x 2,5 cm (etwa die Größe von 2 CDs, Bestellnummer 1725-64) für 9,80 DM und 32 x 32 cm (Bestellnummer 1727-24) für 16,80 DM.

... Vermeidung vor Recycling

Wenn Sie die in diesem Buch geäußerten Vorschläge beherzigen, also zum Beispiel Ihre Hard-, Software- und Fachliteratureinkäufe nach Notwendigkeit beurteilen, Farbträger für den Drucker nachfüllen lassen, sich durch Einsatz von Refreshed-Disketten an einem Mehrwegsystem für Disketten beteiligen, dann können Sie dadurch zu einem veminderten Abfallaufkommen beitragen. Doch auch in allen anderen Lebensbereichen sollten Sie die in diesem Buch gemachten Vorschläge in Ihre Entscheidungen einbeziehen - einer besseren Umwelt zuliebe.

Doch nicht nur eine Reduzierung des Abfallaufkommens ist unbedingt erstrebenswert, sondern auch der Verzicht auf nicht notwendige Anschaffungen trägt aktiv zu einer Verbesserung unserer Umwelt bei, denn Ressourcenschonung und Schadstoffreduzierung durch verminderte Produktion und Entsorgung sind ein Mittel, wie wir unsere desolate Umwelt wieder aufbauen können.

Anhang

Die geplante Altpapierverordnung

Nachfolgend die wichtigsten Stellen aus der geplanten Altpapierverordnung zu Kapitel 3.1 *Darstellung der globalen Papierproblematik anhand der geplanten Altpapierverordnung* aus dem Arbeitspapier vom 18. September 1992:

§ 1 Abfallwirtschaftliche Ziele

Abfälle aus Druckerzeugnissen sowie aus Büro- und Administrationspapieren sollen dadurch vermieden und verwertet werden, daß

1. die verwendeten Papiere so beschaffen sind, daß sie soweit technisch möglich stofflich verwertet werden können,
2. die verwendeten Papiere vorrangig auf der Basis von Altpapier hergestellt werden; dabei ist eine dem Stand der Technik entsprechende höchstmögliche Altpapiereinsatzquote anzustreben,
3. die verwendeten Papiere soweit technisch möglich unter Verzicht auf chlorierte Bleichchemikalien hergestellt werden,
4. die verwendeten Papiere nach Gebrauch vorrangig stofflich verwertet werden.

§ 2 Begriffsbestimmungen

(1) Druckerzeugnisse im Sinne dieser Verordnung sind:

1. Zeitungen, Zeitschriften und Anzeigenblätter,
2. Offertenblätter, Kataloge, Prospekte, Informationsschriften, Beilagen zu Zeitungen und Zeitschriften, verteilte Werbung wie z.B. Handzettel und Postwurfsendungen,

...

(3) Grafische Papiere im Sinne dieser Verordnung sind Druckerzeugnisse sowie Büro- und Administrationspapiere.

(4) Hersteller im Sinne dieser Verordnung ist, wer

1. Papier herstellt, aus denen Druckerzeugnisse gefertigt werden, oder als Verleger, Herausgeber oder Auftraggeber für den Druck von Druckerzeugnissen verantwortlich ist.

...

(5) Vertreiber im Sinne dieser Verordnung ist, wer grafische Papiere oder Papiere, aus denen grafische Papiere hergestellt werden, in Verkehr bringt.

...

§ 4 Rücknahme- und Verwertungspflichten

(1) Vertreiber, die grafische Papiere an Endverbraucher abgeben, sind verpflichtet, gebrauchte grafische Papiere in unmittelbarer Nähe der Abgabestelle

unentgeltlich zurückzunehmen. Die Rücknahmeverpflichtung beschränkt sich auf die grafischen Papiere, die der Vertreiber in seinem Sortiment führt. Werden Druckerzeugnisse dem Endverbraucher zugestellt oder in sonstiger Weise überlassen, hat der Vertreiber geeignete unentgeltliche Rückgabe- oder wahlweise Rücksendemöglichkeiten vorzusehen. Auf die Rückgabe- oder Rücksendemöglichkeit ist im Druckerzeugnis hinzuweisen.

...

(3) Hersteller und Vertreiber sind verpflichtet, die zurückgenommenen grafischen Papiere sowie die nicht abgesetzten grafischen Papiere einer vorrangig stofflichen Verwertung außerhalb der öffentlichen Abfallentsorgung zuzuführen.

§ 5 Befreiung von den Rücknahme- und Verwertungspflichten

Die Verpflichtungen nach § 4 entfallen für solche Hersteller und Vertreiber, die sich an einem System beteiligen, das flächendeckend im Einzugsgebiet der nach § 4 verpflichteten Hersteller und Vertreiber eine regelmäßige und ausreichend häufige, unentgeltliche Abholung gebrauchter grafischer Papiere bei den Endverbrauchern oder in deren Nähe gewährleistet und die im Anhang zu dieser Verordnung genannten Anforderungen erfüllt. Dieses System soll vorhandene Sammel- und Sortiereinrichtungen der entsorgungspflichtigen Körperschaften, mit denen gebrauchte grafische Papiere erfaßt werden, vorrangig übernehmen. .....

§ 7 Ordnungswidrigkeiten

Ordnungswidrig im Sinne des § 18 Abs. 1 Nr. 11 des Abfallgesetzes handelt, wer vorsätzlich oder fahrlässig

1. entgegen § 4 Abs. 1 Satz 1 grafische Papiere nicht zurücknimmt,
2. entgegen § 4 Abs. 1 Satz 3 geeignete kostenlose Rückgabe- oder Rücksendemöglichkeiten nicht vorsieht,
3. entgegen § 4 Abs. 1 Satz 4 die dort bezeichneten Hinweise nicht gibt,
4. entgegen § 4 Abs. 2 Satz 1 grafische Papiere nicht zurücknimmt.
5. entgegen § 4 Abs. 3 grafische Papiere nicht einer vorrangig stofflichen Verwertung außerhalb der öffentlichen Abfallentsorgung zuführt. ...

Anhang zu § 5 Abs. 1

Die zuständige Behörde trifft die Feststellung nach § 5 Abs. 2 nach Maßgabe folgender Anforderungen:

1. Allgemeine Anforderungen

Es ist mit geeigneten Systemen sicherzustellen, daß die Erfassung grafischer Papiere nach Gebrauch beim Endverbraucher (Holsystem) oder in dessen Nähe durch Container oder andere geeignete Sammelsysteme (Bringsystem) oder durch eine Kombination beider Systeme eine hochwertige stoffliche Verwertung ermöglicht. Mit den Systemen nach Satz 1 sind die nach Ziffer 2 festgelegten Verwertungsquoten zu erreichen.

2. Quantitative Anforderungen an die stoffliche Verwertung

Es müssen im Jahresmittel für das jeweilige Einzugsgebiet vom Antragsteller mindestens die nachfolgenden Gewichtsanteile bezogen auf den Verbrauch an grafischen Papieren stofflich verwertet werden. Als gebrauchte grafische Papiere gelten auch Restpapiere aus der Verarbeitung, wie z.B. Druckmakulatur und Randbeschnitt, sowie Remittenden. (...)

- in der Zeit vom 01. Juli 1993
  bis zum 31. Dezember 1994 — 52%
- in der Zeit vom 01. Januar 1995
  bis zum 31. Dezember 1996 — 55%
- Ab 1. Januar 1997 — 60%

Bezugsquellen und nützliche Adressen

- ALTOP-Verlag
  Gotzinger Straße 48
  8000 München 70
  Telefon (089) 725 80 43

- Greenpeace e.V
  Vorsetzen 53 - Hafen-Hof -
  2000 Hamburg 11
  Telefon (040) 31186-0

  Hinweis: Fördermitglieder erhalten das vierteljährliche Greenpeace-Magazin kostenlos

- BUND
  Bund für Umwelt- und Naturschutz Deutschland e.V.
  Im Rheingarten 7
  5300 Bonn 3
  Telefon (0228) 40097-0

  Hinweis: Beim BUND gibt es für jedes Bundesland auch Landes-, Kreis- und Ortsverbände

- B.A.U.M.
  Bundesdeutscher Arbeitskreis für umweltbewußtes Management e.V.
  Christian-Förster Straße 9
  2000 Hamburg 20

- Umweltbundesamt
  Bismarckplatz 1
  1000 Berlin 33
  Telefon (030) 8903-0

- RAL
  Deutsches Institut für Gütesicherung und Kennzeichung e.V.
  (Blauer Umweltengel)
  Bornheimer Straße 180
  5300 Bonn 1

  Hinweis: Die aktuelle Liste aller Zeichenanwender des "Blauen Engel" kann hier bezogen werden.

- Katalyse - Institut für angewandte Umweltforschung
  Mauritiuswall 24-26
  5000 Köln 1
  Telefon für Umweltfragen (0221) 235964

  Hinweis: Das Umwelttelefon kann von jedem um Rat gefragt werden

- Fachverband Informationstechnik im VDMA und ZVEI
  Lyoner Straße 18
  6000 Frankfurt am Main 71
  Telefon (069) 6603-0

- Institut für ökologisches Recycling
  Kurfürstenstraße 114
  1000 Berlin 30
  Telefon für Umweltfragen (030) 2628021

Hinweis: Das Umwelttelefon kann von jedem befragt werden

- memo
  Handel mit ökologisch sinnvollen Produkten GmbH
  Veitshöchheimer Straße 1-3
  8700 Würzburg
  Telefon (0931) 5757

- Clemens Hölter GmbH
  Am Kuckesberg 46
  5657 Haan
  Telefon (02129) 51011

  Hinweis: Hier können Sie auch die ÖkoBase bestellen, eine Umweltdatenbank für jedermann, die mit Unterstützung des Bundesumweltamtes zusammengetragen wurde und auf 3.5" oder 5.25" Diskette für 20 DM unter dieser Adresse bestellt werden kann. ÖkoBase bietet nicht nur Tips und Literaturhinweise, sondern liefert viele wichtige Adressen für Umweltorientierte.

- Waschbär
  Umweltproduktversand GmbH
  Postfach 547
  7800 Freiburg
  Telefon (0761) 5156-140

- Panda Versandhandel GmbH
  Versandbüro
  Postfach 0622
  7505 Ettlingen
  Telefon (07243) 323242

- MAK-Soft Angelika Khellaf
  PD und Shareware
  Rubensstraße 74
  4400 Münster
  Telefon (02501) 13233

  Hinweis: Hier erhalten Sie die vorgestellten Programme zum beidseitigen Drucken und Multiple-Page.

- Olivetti GmbH
  Lyoner Straße 34
  6000 Frankfurt am Main 71
  Telefon (069) 6692-0

... *vup*-Betriebe:

- Blätterwald e.G.
  Weilstraße 2
  6292 Weilmünster,
  Tel. (06472) 7031

- Dreigiebelhaus GmbH
  Stuttgarter Straße 121
  7120 Bietigheim/Bissingen,
  Tel. (07142) 54521

- Papyrus GmbH
  Riedinger Straße 24
  8900 Augsburg,
  Tel. (0821) 414880

- UWS-Papier + Druck GmbH
  Libanonstraße 72a
  7000 Stuttgart 1,
  Tel. (0711) 468317

- WUP GmbH
  Gaußstraße 19
  2000 Hamburg 50,
  Tel. (040) 395445

- ettelwirtschaft GmbH
  Dorfstraße 18
  5448 Roth,
  Tel. (06762) 7802

Die geplante Elektronikschrott-Verordnung

Arbeitspapier (Stand 15. Oktober 1992) zur

Verordnung über die Vermeidung, Verringerung und Verwertung von Abfällen gebrauchter elektrischer und elektronischer Geräte (kurz: Elektronikschrott-Verordnung)

Abschnitt I

Abfallwirtschaftliche Ziele

Anwendungsbereich und Begriffsbestimmungen

§ 1 Abfallwirtschaftliche Ziele

Abfälle aus gebrauchten elektrischen und elektronischen Geräten oder Geräteteilen sollen dadurch vermieden und verringert werden, daß

1. elektrische oder elektronische Geräte oder Geräteteile aus umweltverträglichen und verwertbaren Materialien hergestellt werden,
2. elektrische oder elektronische Geräte oder Geräteteile so hergestellt werden, daß sie leicht repariert und zerlegt werden können,
3. für die Erfassung gebrauchter elektrischer oder elektronischer Geräte oder Geräteteile Sammelsysteme eingerichtet werden, die für den Endverbraucher

leicht erreichbar sind und eine hohe Rücklaufquote gewährleisten,

4. zurückgenommene gebrauchte elektrische oder elektronische Geräte oder Geräteteile einer erneuten Verwendung oder einer Verwertung zugeführt werden,

5. zurückgenommene nicht verwertbare gebrauchte elektrische oder elektronische Geräte oder Geräteteile der sonstigen sachgemäßen Abfallentsorgung zugeführt werden.

§ 2 Anwendungsbereich

(1) Den Vorschriften dieser Verordnung unterliegt, wer gewerbsmäßig oder im Rahmen wirtschaftlicher Unternehmen oder öffentlicher Einrichtungen im Geltungsbereich des Abfallgesetzes

1. elektrische oder elektronische Geräte (§ 3 Abs. 1) oder Geräteteile (§ 3 Abs. 2) herstellt oder mit seinem Markenzeichen versieht (Hersteller),

2. elektrische oder elektronische Geräte oder Geräteteile, gleichgültig auf welcher Handelsstufe, auch als Importeur, in Verkehr bringt (Vertreiber).

(2) Vertreiber im Sinne dieser Verordnung ist auch der Versandhandel und ein Vertreiber, der elektrische oder elektronische Geräte oder Geräteteile nur zeitweise in seinem Sortiment oder im Nebengeschäft führt.

(3) Soweit der Hersteller seinen Sitz außerhalb des Geltungsbereichs des Abfallgesetzes hat, tritt derjenige Vertreiber in die Verpflichtungen der Herstellers ein, der die elektrische oder elektronische Geräte oder Geräteteile im Geltungsbereich des Abfallgesetzes in Verkehr bringt.

§ 3 Begriffsbestimmungen

(1) Elektrische oder elektronische Geräte im Sinne dieser Verordnung sind elektrische oder elektronische Bauteile enthaltende

1. Geräte der individuellen Büro-, Informations- und Kommunikationstechnik wie Arbeitsplatzcomputer, Arbeitsplatzdrucker, Arbeitsplatzkopiergeräte, Telefaxgeräte, Telefongeräte,

2. Fernsehgeräte mit einer Bildschirmdiagonale von mehr als 30 cm,

3. Hausgeräte wie Kälte- und Klimageräte, Herde, Geschirrspüler, Waschmaschinen, Wäschetrockner,

4. Entladungslampen,

5. Geräte der Unterhaltungselektronik, wie Fernsehgeräte mit einer Bildschirmdiagonale von weniger als 30 cm, Radiogeräte, Tuner, Verstärker, Plattenspieler, CD-Player, Lautsprecher, auch als Gerätekombination, Geräte der Bild- und Tonaufzeichnung und -wiedergabe,

6. Haushaltsgeräte wie Kaffeemaschinen, Schneid- und Rührgeräte, Mikrowellen, Staubsauger, Elektrowerkzeuge, Elektrorasierer,
7. Kleingeräte der Büro-, Informations- und Kommunikationstechnik wie Tisch- und Taschenrechner,
8. Uhren,
9. Geräte der Labor- und Medizintechnik im gewerblichen und industriellen Bereich sowie in öffentlichen Einrichtungen,
10. Geräte für den Geldverkehr im gewerblichen Bereich oder industriellen Bereich sowie in öffentlichen Einrichtungen,
11. Geräte der Meß-, Steuerungs- und Regelungstechnik im gewerblichen Bereich oder industriellen Bereich sowie in öffentlichen Einrichtungen,
12. Geräte der Bild- und Tonaufzeichnung und Wiedergabe im gewerblichen Bereich oder industriellen Bereich sowie in öffentlichen Einrichtungen,
13. Großgeräte der Büro-, Informations- und Kommunikationstechnik wie Vermittlungseinrichtungen, Geräte der Datenverarbeitung im gewerblichen Bereich oder industriellen Bereich sowie in öffentlichen Einrichtungen,
14. Hausgeräte wie Kälte- und Klimageräte, Herde, Geschirrspüler, Waschmaschinen, Wäschetrockner im gewerblichen Bereich oder industriellen Bereich sowie in öffentlichen Einrichtungen,

(2) Geräteteile im Sinne dieser Verordnung sind Baugruppen, wie Gehäuse, Bildschirme, Tastaturen, Elektromotoren oder Platinen, auch dann, wenn sie keine elektrischen oder elektronischen Bauteile enthalten, aber in funktionalem Zusammenhang mit einem Gerät nach Absatz 1 stehen.

(3) Bauteile von Geräten im Sinne dieser Verordnung sind einzelne Bauelemente wie Kondensatoren, Gleichrichter, Transistoren oder Röhren.

(4) Endverbraucher im Sinne dieser Verordnung ist derjenige, der die Geräte oder Geräteteile in der an ihn gelieferten Form nicht mehr weiterverarbeitet und bestimmungsgemäß nutzt.

Abschnitt II: Rücknahme- und Verwertungspflichten

§ 4 Rücknahmepflichten des Vertreibers

(1) Der Vertreiber ist verpflichtet, gebrauchte elektrische oder elektronische Geräte oder Geräteteile vom Endverbraucher kostenlos zurückzunehmen.

(2) Der Vertreiber kann vom Endverbraucher ein Entgelt für die Rückname elektrischer oder elektronischer Geräte verlangen, die

1. vor Inkrafttreten dieser Verordnung in Verkehr gebracht wurden oder

2. nach Inkrafttreten dieser Verordnung vom Endverbraucher in den Geltungsbereich des Abfallgesetzes verbracht wurden oder dem Endverbraucher von einem Vertreiber mit Geschäftssitz außerhalb des Geltungsbereichs des Abfallgesetzes geliefert wurden.

Das Entgelt für die Rücknahme elektrischer oder elektronischer Geräte darf die nach Marktlage üblicherweise für die Erfassung, Verwertung und Entsorgung des jeweiligen Gerätes entstehenden Kosten nicht übersteigen.

(3) Der Vertreiber kann seine Verpflichtung nach Absatz 1 auf Geräte oder Geräteteile eines bestimmten Markenzeichens beschränken, die er in seinem Sortiment führt oder geführt hat.

(4) Die Rücknahmepflicht nach Absatz 1 bis 3 beschränkt sich auf die Anzahl der Geräte, die Endverbraucher üblicherweise im Falle der Neubeschaffung oder bei der Auflösung eines Haushaltes aussondern und die gleiche oder ähnliche Grundfunktion haben, wie die Geräte, welcher der Vertreiber in Verkehr bringt oder in Verkehr gebracht hat (Geräte gleicher Art).

(5) Vertreiber mit einer Betriebsfläche von weniger als $100m^2$ können die Annahme gebrauchter Geräte in der Verkaufsstelle auf die Anzahl der vom Endverbraucher jeweils gekauften neuen Geräte oder Geräteteile beschränken; dies gilt nicht für Geräte oder Geräteteile, die ein Vertreiber in seiner Verkaufsstelle

verkauft hat oder die bei Filialgeschäften in einer Filiale der jeweiligen Filialkette verkauft wurden.

(6) Für die in § 3 Nr. 5 bis 8 genannten elektrischen oder elektronischen Geräte gelten die Rücknahmepflichten nach Absatz 1 bis 3 erst ab 1. Januar 199..

(7) Die Absätze 1 bis 6 gelten entsprechend für die Vertreiber der übrigen Handelsstufen.

§ 5 Rücknahmepflichten des Herstellers

(1) Der Hersteller ist verpflichtet, vom Vertreiber zurückgenommene gebrauchte elektrische oder elektronische Geräte oder Geräteteile kostenlos zurückzunehmen.

(2) Der Hersteller kann vom Vertreiber ein Entgelt für die Rückname elektrischer oder elektronischer Geräte verlangen, die

1. vor Inkrafttreten dieser Verordnung in Verkehr gebracht wurden oder

2. nach Inkrafttreten dieser Verordnung vom Endverbraucher in den Geltungsbereich des Abfallgesetzes verbracht wurden oder dem Endverbraucher von einem Vertreiber mit Geschäftssitz außerhalb des Geltungsbereichs des Abfallgesetzes geliefert wurden.

Das Entgelt für die Rücknahme elektrischer oder elektronischer Geräte darf die nach Marktlage üblicherweise für die Erfassung, Verwertung und Entsorgung des jeweiligen Gerätes entstehenden Kosten nicht übersteigen.

(3) Der Hersteller kann seine Verpflichtung nach Absatz 1 auf Geräte oder Geräteteile eines bestimmten Markenzeichens beschränken, die er herstellt oder hergestellt hat.

(4) Die Rücknahmepflicht nach Absatz 1 bis 3 beschränkt sich auf Geräte oder Geräteteile, welche die gleiche oder ähnliche Grundfunktion haben wie die Geräte oder Geräteteile, welche der Hersteller in Verkehr gebracht hat (Geräte gleicher Art).

(5) Für die in § 3 Nr. 5 bis 8 genannten elektrischen oder elektronischen Geräte gelten die Rücknahmepflichten nach Absatz 1 bis 3 erst ab 1. Januar 199..

§ 6 Ort der Rücknahme

Erfolgt die Rücknahme nach § 4 im Zusammenhang mit einem Neukauf, ist der Ort der Rückname der Ort der Übergabe des Neugerätes; § 8 bleibt unberührt. Erfolgt die Rücknahme nach § 4 nicht im Zusammenhang mit einem Neukauf, ist der Ort der Rücknahme jede Verkaufsstelle des nach § 4 zur Rücknahme verpflichteten Vertreibers. Erfolgt die Rücknahme nach § 5, ist der Ort der Rücknahme der Ort, an dem der Hersteller die Neugeräte dem Vertreiber übergibt.

§ 7 Verwertungspflichten

Hersteller und Vertreiber sind verpflichtet, die nach §§ 4, 5 oder 8 zurückgenommenen gebrauchten elektrischen oder elektronischen Geräte oder Geräteteile zurückzunehmen und einer Verwertung zuzuführen.

§ 8 Ausnahmen

(1) Die Verpflichtungen nach §§ 4 bis 6 entfallen für solche Hersteller und Vertreiber, die selbst ein System betreiben oder sich an einem System beteiligen, das regelmäßig eine Rücknahme gebrauchter elektrischer oder elektronischer Geräte oder Geräteteile beim Endverbraucher gewährleistet und/oder Annahmestellen in der Nähe der Verkaufsstellen betreibt. Die Einrichtung eines solchen Systems hat der Betreiber den entsorgungspflichtigen Körperschaften gemäß § 1 Abs. 3 Nr. 7 Abfallgesetz nachzuweisen. Das System muß kartellrechtlich zulässig sein.

(2) Für die in § 3 Nr. 9 bis 13 genannten elektrischen oder elektronischen Geräte unterliegen Art und Ort der Rücknahme der freien Vertragsgestaltung. Soweit Hersteller oder Vertreiber für die Rücknahme ein Entgelt verlangen, darf dieses die nach Marktlage üblicherweise für die Erfassung, Verwertung und Entsorgung des jeweiligen Gerätes entstehenden Kosten nicht übersteigen.

§ 9 Entsorgung nicht verwertbarer Geräte oder Geräteteile

Solange noch elektrische oder elektronische Geräte oder Geräteteile zu entsorgen sind, deren Verwertung nicht oder nur teilweise möglich ist, sind die nicht verwertbaren Teile von den gemäß §§ 4 und 5 zur Rücknahme Verpflichteten der Abfallentsorgung zuzuführen. Wer elektrische oder elektronische Geräte oder Geräteteile verwertet oder entsorgt, hat der zuständigen Behörde einmal jährlich eine Erklärung über den Verbleib und die Behandlung der verwerteten oder als Abfall entsorgten Geräte oder Geräteteile nach dem im Anhang enthaltenen Muster anzugeben.

§ 10 Beauftragung Dritter

Hersteller und Vertreiber können sich zur Erfüllung der in dieser Verordnung bestimmten Pflichten Dritter bedienen. Bei der Beauftragung Dritter mit der Verwertung oder Entsorgung gebrauchter elektrischer oder elektronischer Geräte oder Geräteteile hat der Beauftragende durch ein Gutachten eines anerkannten Sachverständigen zu belegen, daß der Verwerter- oder Entsorgungsbetrieb die Anforderungen des Abfallgesetzes und dieser Rechtsverordnung erfüllt, es sein denn, ein entsprechendes Gutachten liegt bereits vor.

Abschnitt III: Ordnungswidrigkeiten, Inkrafttreten

§ 11 Ordnungswidrigkeiten <ist noch anzupassen>

§ 12 Inkrafttreten

Diese Verordnung tritt am xx.xx.19xx in Kraft.

Ihre Meinung und Ihre Vorschläge

Ein Buch wie dieses lebt von den Anregungen, den eigenen Erfahrungen und der Kritik des Lesers. Scheuen Sie sich nicht, Ihre Gedanken oder selbst geschriebene Programme zu Umweltschutzthemen an mich zu senden oder anzurufen:

Andreas Grote
Im Niederried 2a
6454 Bruchköbel
Telefon (06181) 72675 zwischen 10 und 18.30 Uhr

Weiterführende Literatur

- "Der umweltfreundliche Schreibtisch", Stiftung Verbraucherinstitut (Hrsg.), Knaur-Verlag 1991, 12,80 DM
- "Abfall vermeiden", Institut für ökologisches Recycling (Hrsg.), fischer alternativ 1991, 10,80 DM
- "Gesundheit und Ökologie im Büro", Arbeit & Ökologie-Materialien, Verlag der ökologischen Briefe, Frankfurt 1991
- "Ökologie im Büro", K. Riedesser u. Dr. R. Talay, B.A.U.M., Hamburg
- "Ratgeber Büro", Öko-Test Sonderheft 3/90, Ökotest, Frankfurt 1990
- "Das alternative Branchenbuch", Altop-Verlag, München 1992, 19,80 DM

Index

!

A

B

C

D

E

F

G

M

N

O

P

S

T

U

V

W

Z

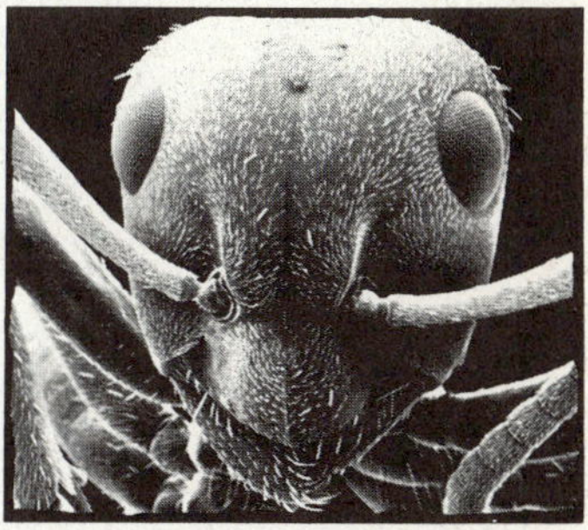

„Kann denn mal
iner den Müll runter-
ragen?"
Nein.
Der bleibt hier!
nde Menschenverstand: Müllproduktion gefährdet Ihre Gesundheit. Der Müll einer Genera-
ält die Menge an Gift und Schadstoffen, die ausreicht, den Planeten Erde zu vernichten.
e's genau wissen möchten, schicken Sie uns
sen Coupon: BUND · Postfach · 53182 Bonn
8/400 97 40 (Absender nicht vergessen).
Bund für Umwelt und Naturschutz Deutschland e.V.
BUND

Ein Beispiel, das bei Quetchua-Indianern neue Hoffnung weckt:

OroVerde-Projekt "Ayopaya"

Die bolivianische Provinz Ayopaya gehört zu den ärmsten Regionen Lateinamerikas. Grundprobleme sind die fortschreitende Verarmung der Bauern und der Mangel an ökonomischen Alternativen. Zunehmende Armut zwingt die Kleinbauern der Region zu Anbaumethoden, die aus ihnen gleichzeitig Hauptverursacher und Opfer des beschleunigten Zerstörungsprozesses machen. Abholzung der Wälder und unangepaßte Landwirtschaft in der Projektregion haben zu gravierenden Problemen wie Bodenerosion und Wassermangel geführt. Weitere Folge ist eine Verschlechterung der ökonomischen und gesundheitlichen Situation der Bevölkerung.
Als Besonderheit kommt es zwischen 2700 m und 3300 m NN zur Ausbildung eines Feuchtgürtels aus Nebel und Wolken. Nur an wenigen, schwer zugänglichen Stellen konnten sich die überall in den Anden höchst bedrohten Waldgesellschaften hier eliktartig erhalten.
Die Selbsthilfeorganisation der indianischen Kleinbauern FUPAGEMA und die Stiftung ORO VERDE sind Partner in diesem Schutzprojekt. Es entstand bereits eine Baumschule, in der Methoden zur Vermehrung und Anpflanzung von Charakterbaumarten der Nebelwälder, die ausnahmslos hochbedroht sind, erarbeitet und angewandt wurden. Die Kleinbauern führten erste Wiederaufforstungen durch und begannen, Methoden angepaßter Landwirtschaft zu erlernen und zu praktizieren.
Bisher konnten im Rahmen des Wiederaufforstungprojektes bereits mehr als 340.000 Bäume angepflanzt werden. Durch Schaffung von Arbeitsplätzen bei der Errichtung der Baumschule, aber auch durch das Aufzeigen von zukunftssichernden Perspektiven gelang es, die Abwanderung von Kleinbauern in das Tiefland zur Kokain-Produktion zu verhindern.
Ziel ist es nun, durch weitere Wiederaufforstungen, Einführung einer waldschonenden Landwirtschaft und andere Aktivitäten der Erosionsverminderung die Bergnebelwälder dauerhaft zu schützen.
Eine zentrale Maßnahme ist die Wiederaufforstung entwaldeter Flächen imWassereinzugsbereich des Rio Palca und Qòlpa Mayu. Dazu ist die Aufzucht von 850.000 Baumsetzlingen und deren Auspflanzung notwendig. Zu zwei Dritteln sollen dabei einheimische Arten gepflanzt werden. Ein Drittel entfällt auf Arten zur mittelfristigen Deckung des Brennholzbedarfs von ca. 5.000 Familien.

Weitere Informationen zu diesem Projekt ebenso wie zu anderen konkreten Hilfsmaßnahmen in Lateinamerika, West- und Zentralafrika und Südostasien erhalten Sie auf Anfrage bei OroVerde.
Die meisten dringenden Projekte können aus Geldmangel nicht gestartet werden. Jede Spende auf das folgende Konto ist deshalb willkommen. Alle OroVerde-Förderer erhalten Spendenquittung und Informationen über die Geldverwendung.

OroVerde-Konto 831 0000
Bank für Sozialwirtschaft Köln
BLZ 370 205 00

ORO VERDE